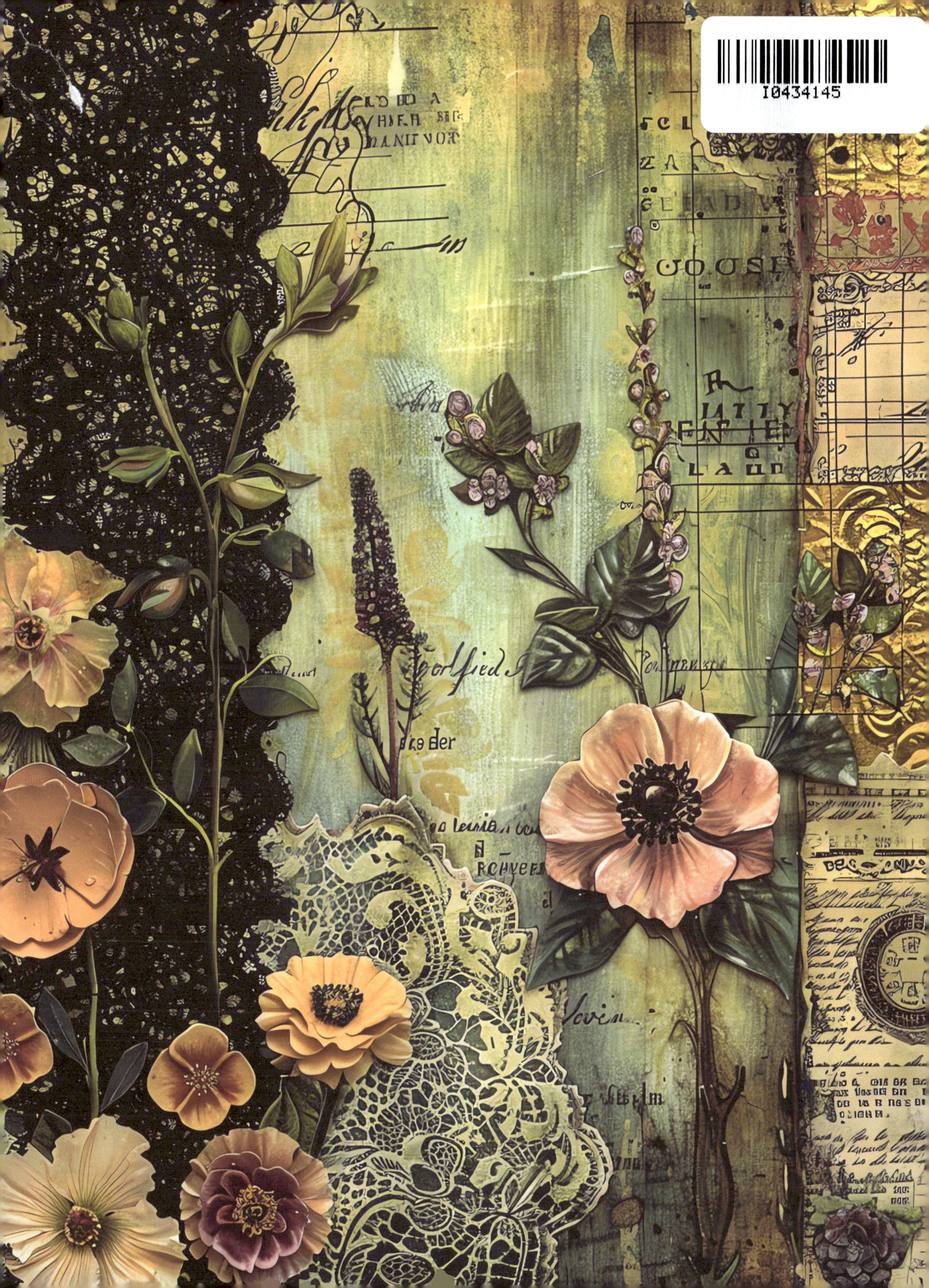

I0434145

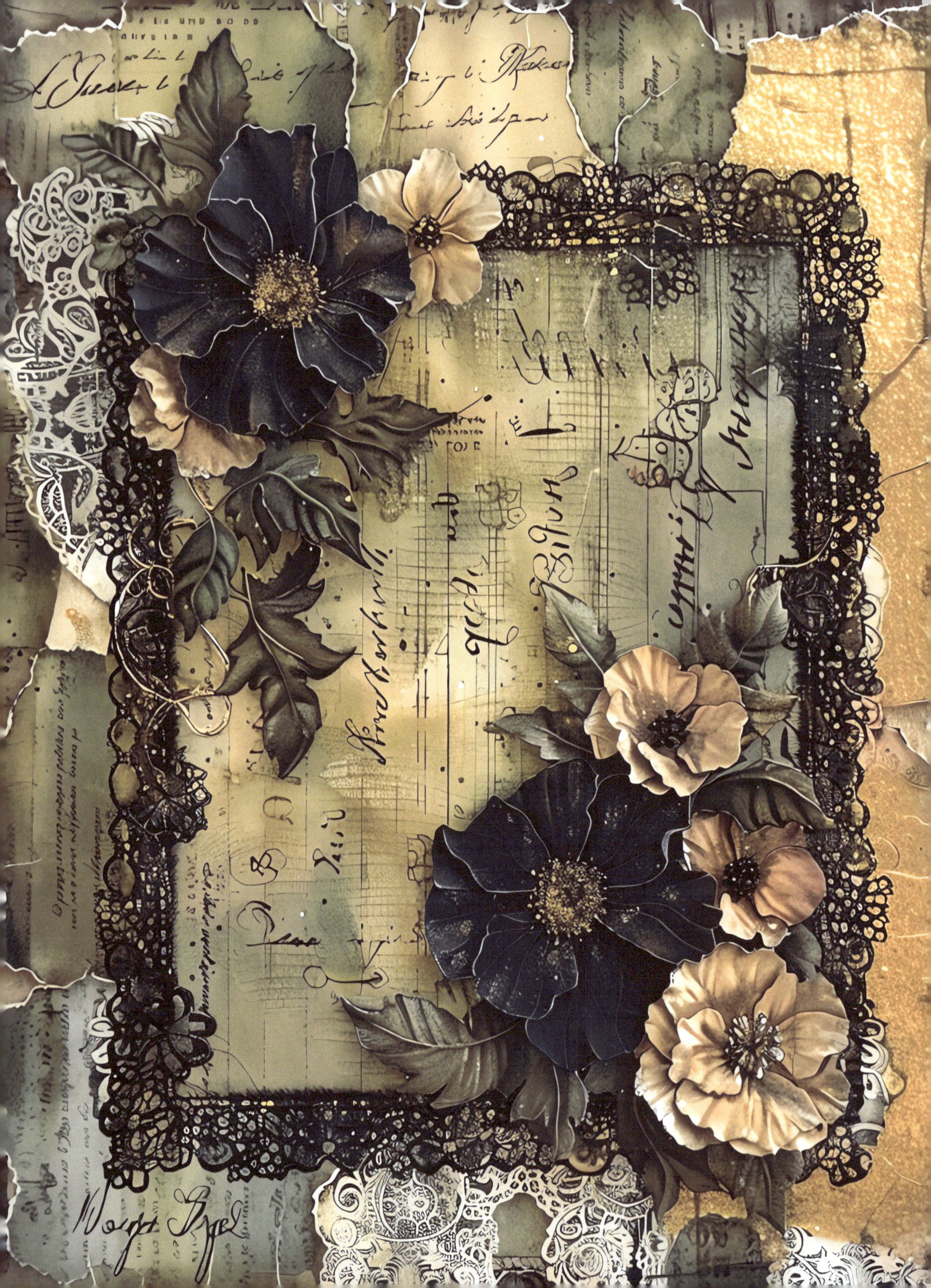

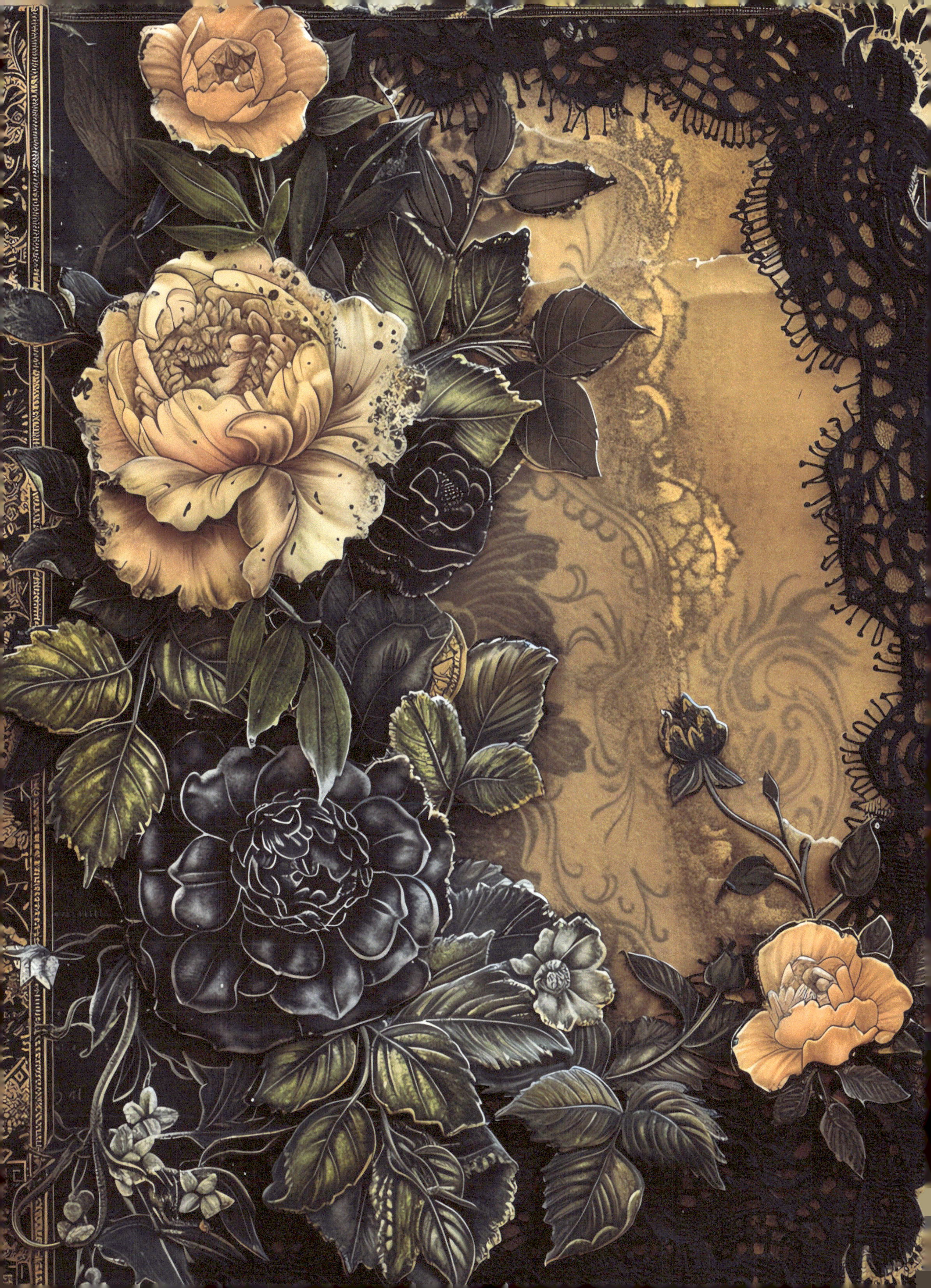

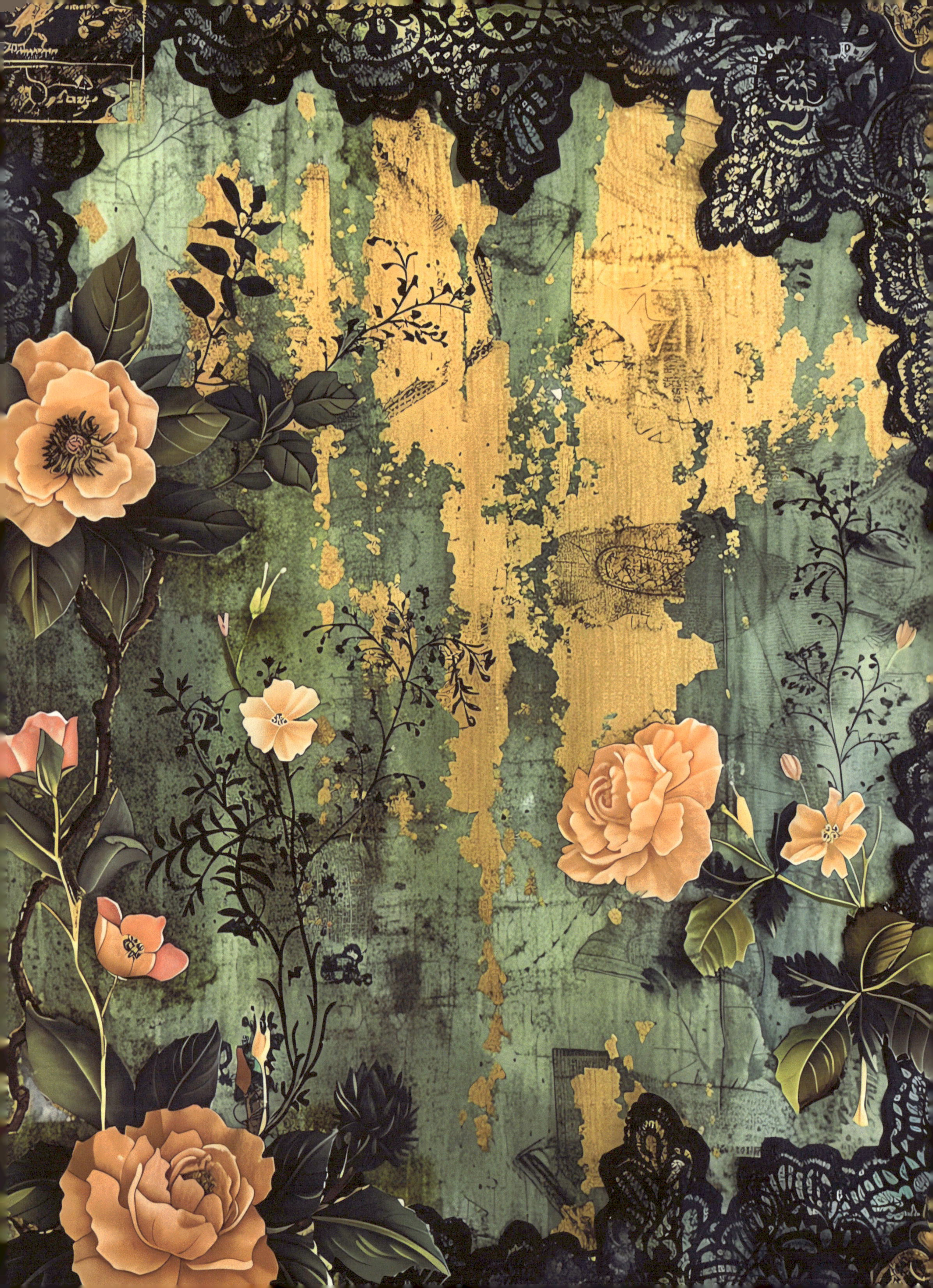

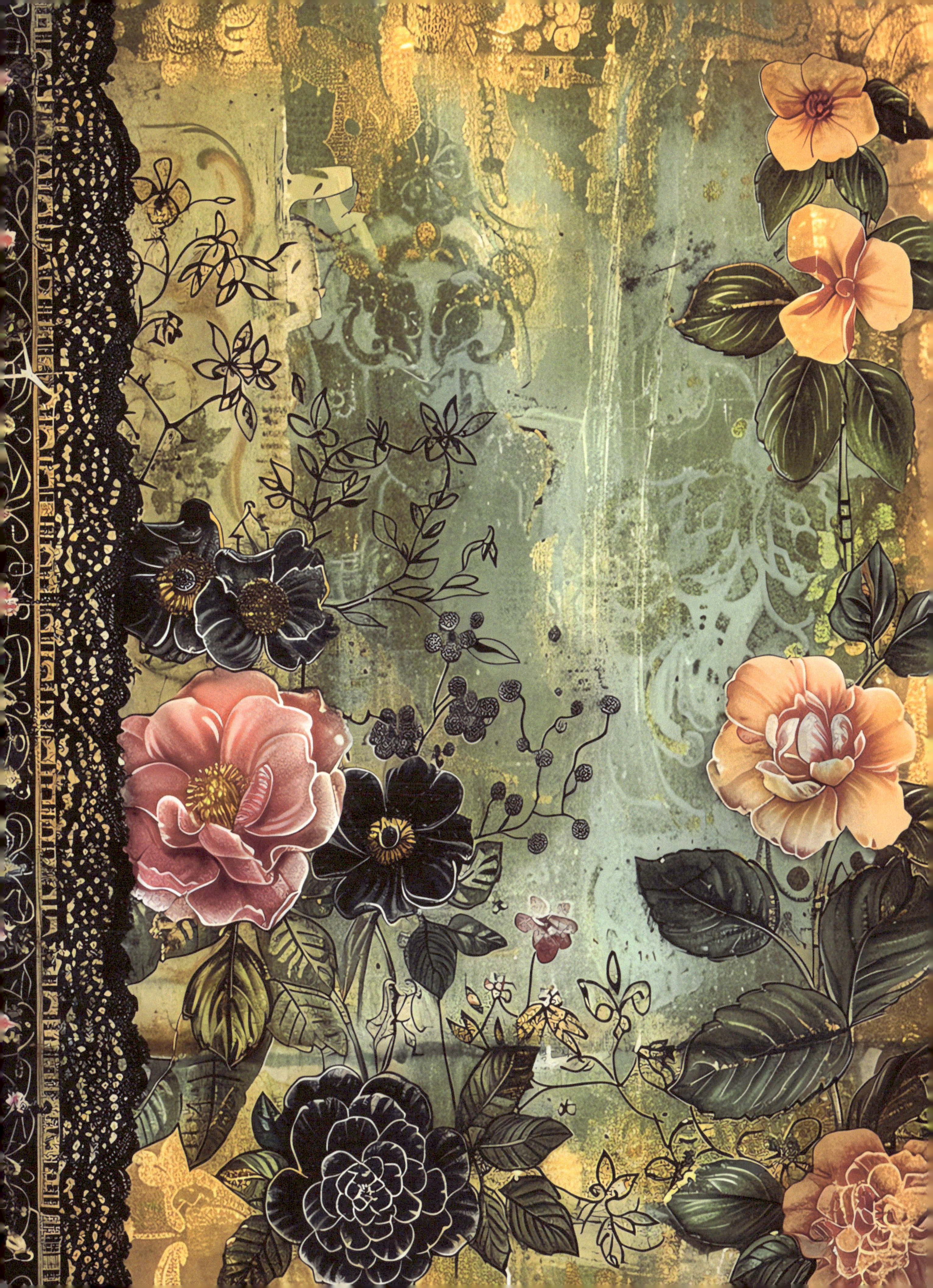

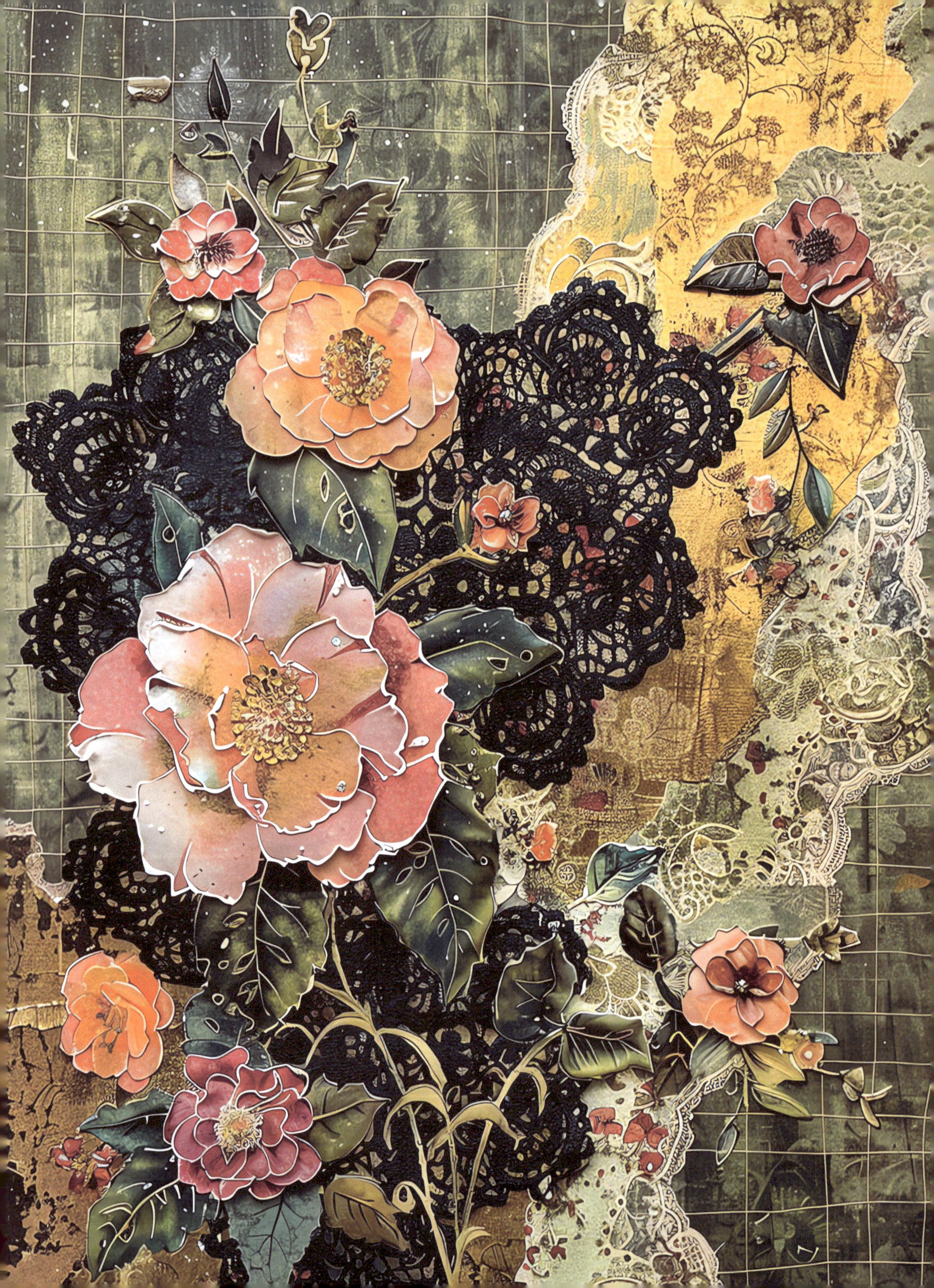

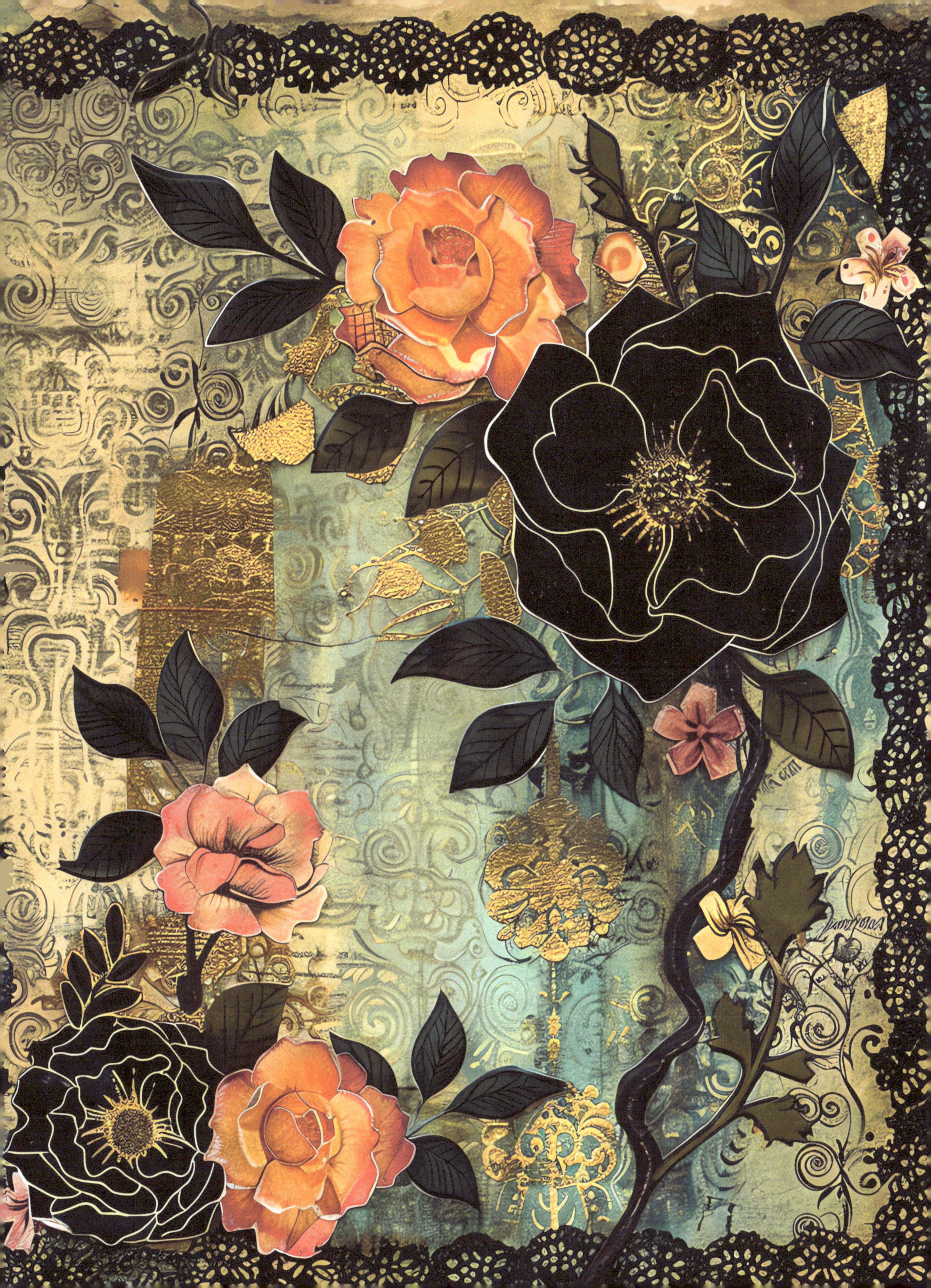

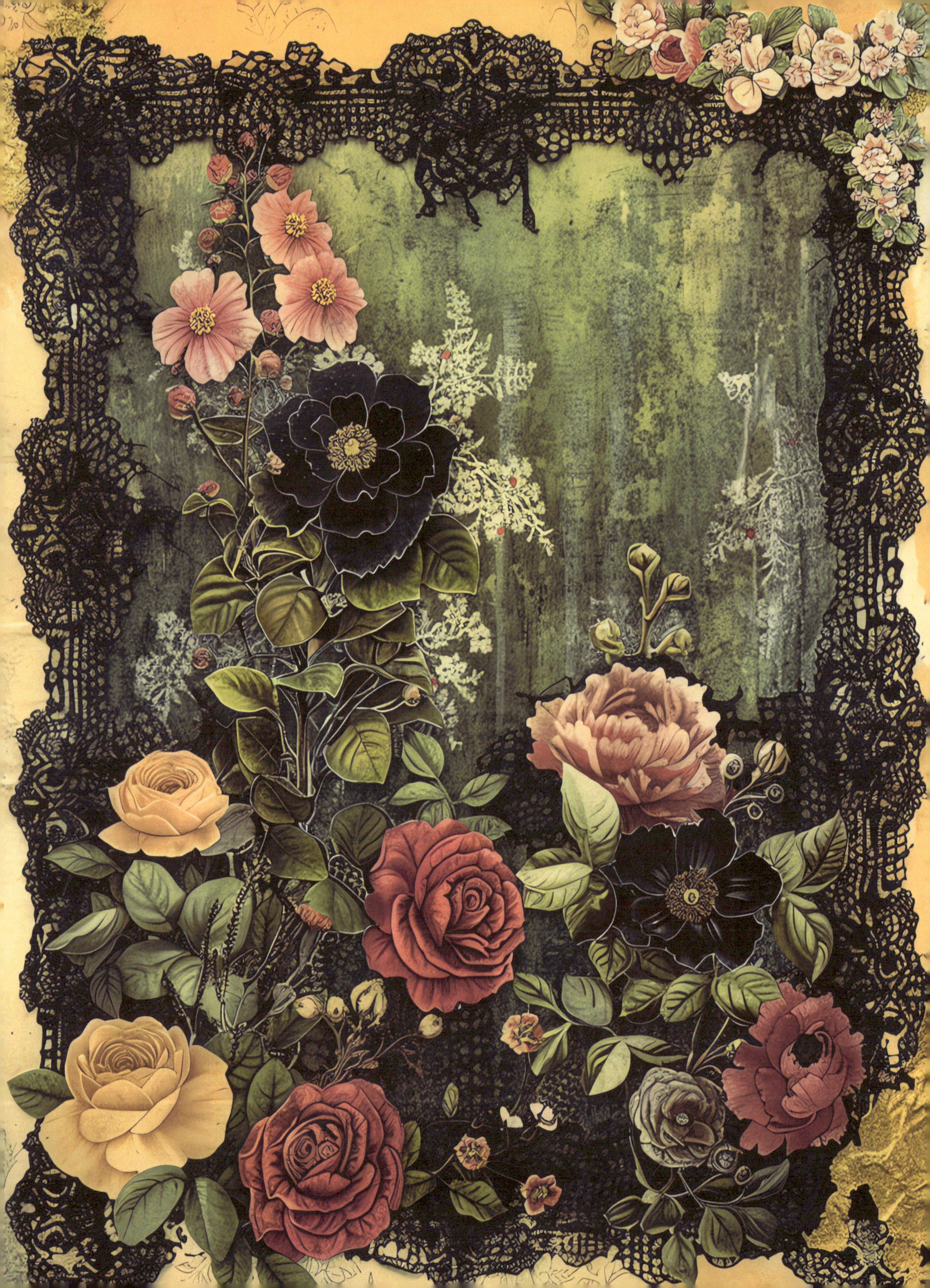

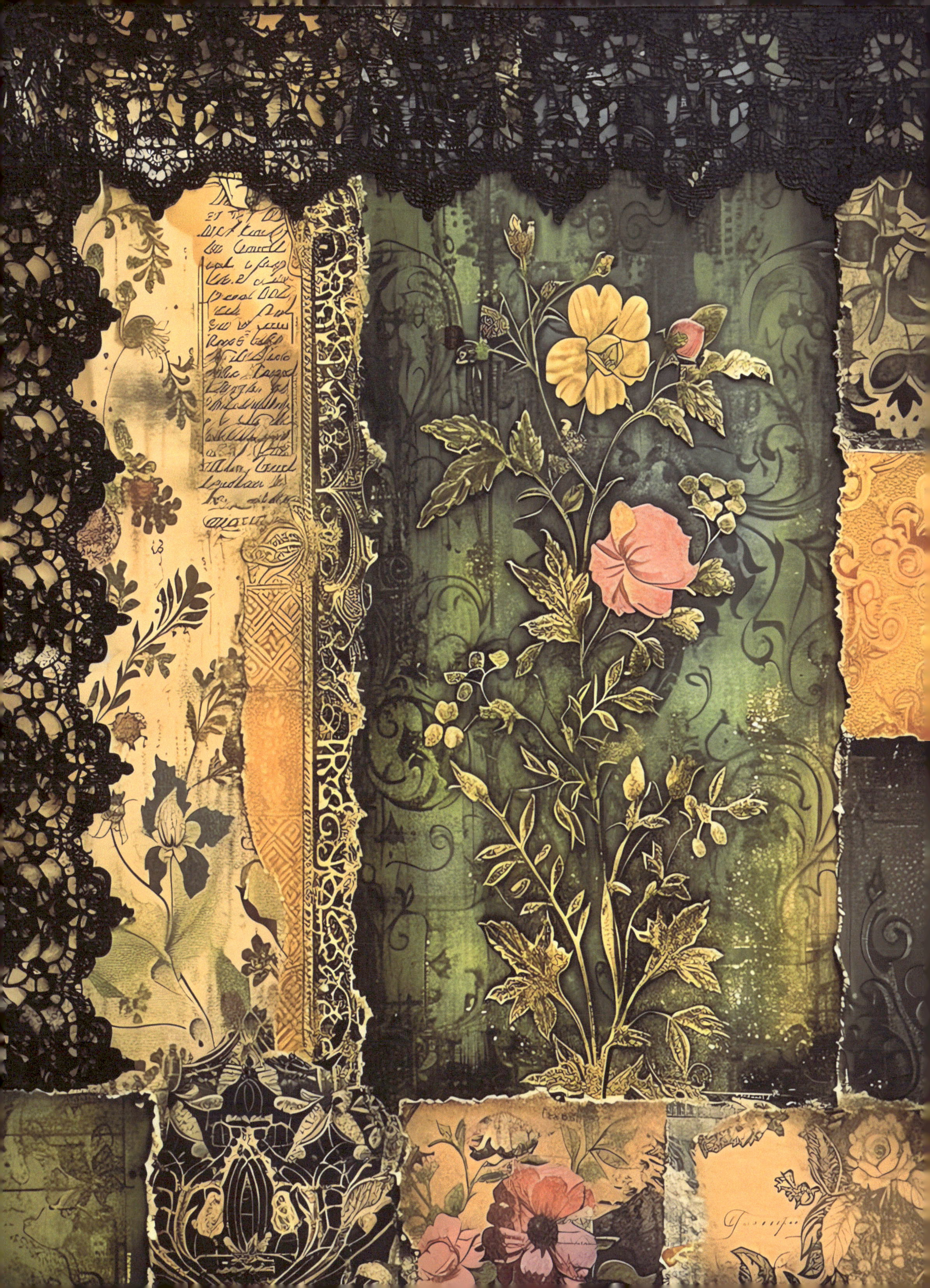

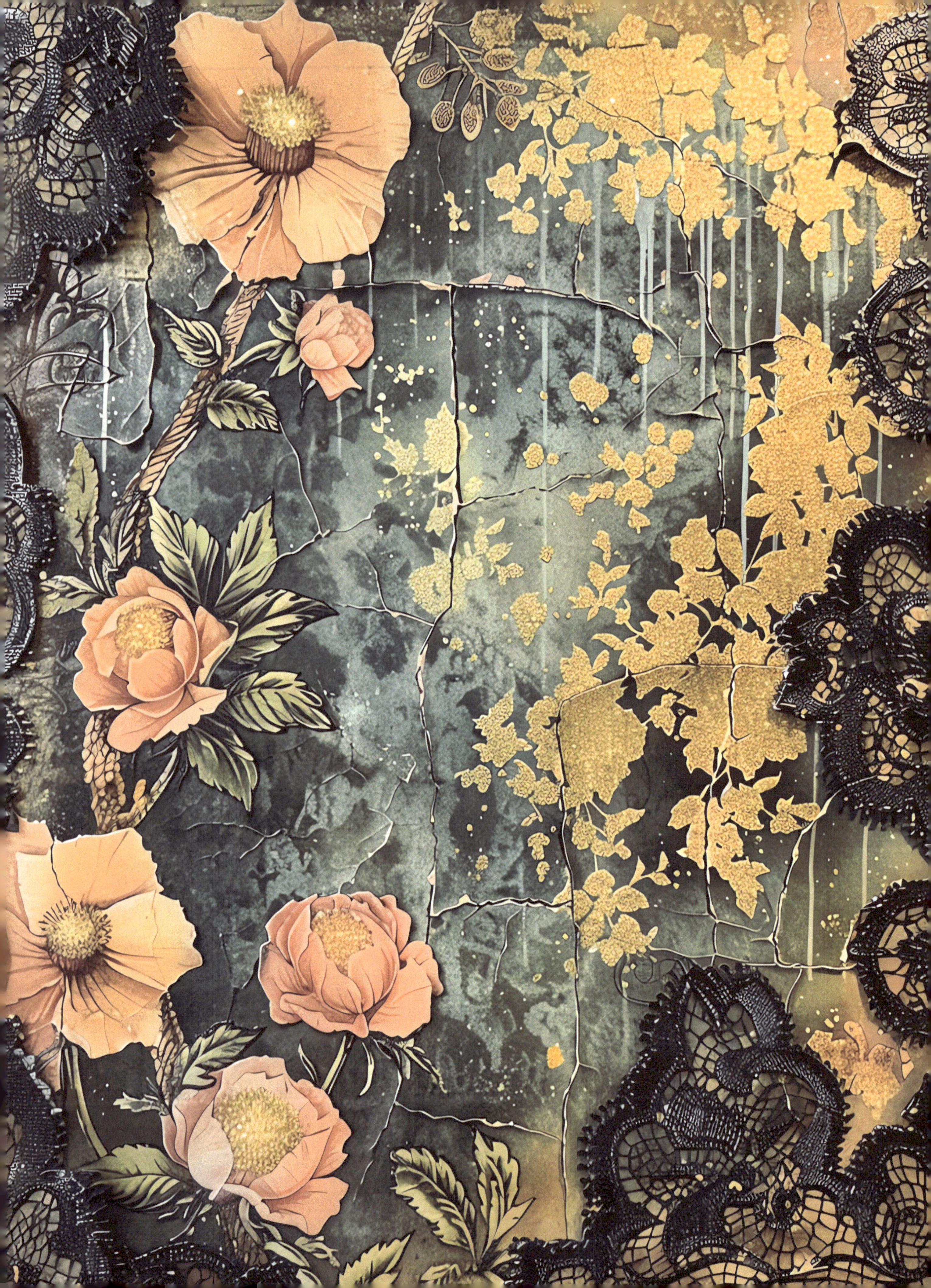

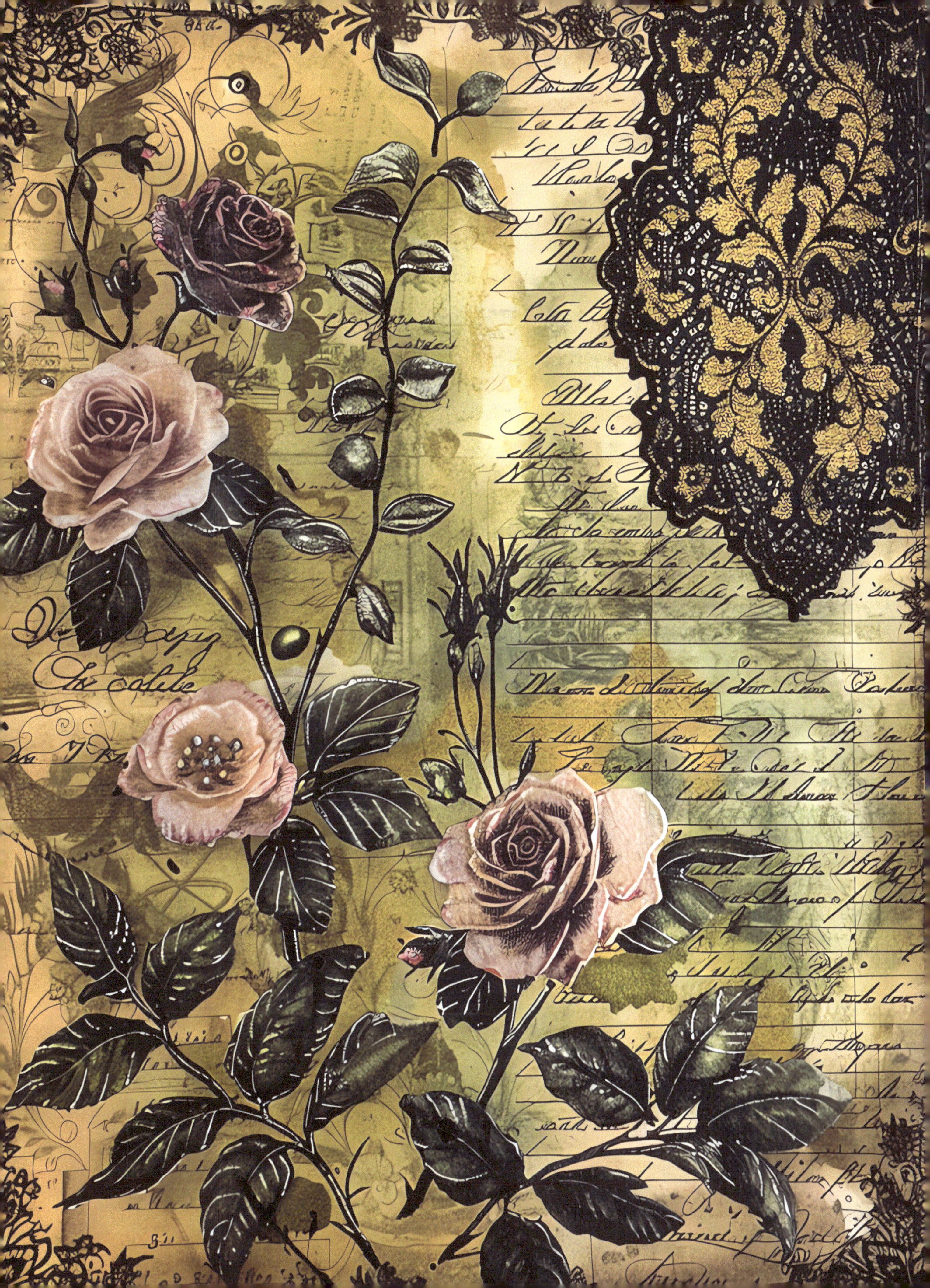

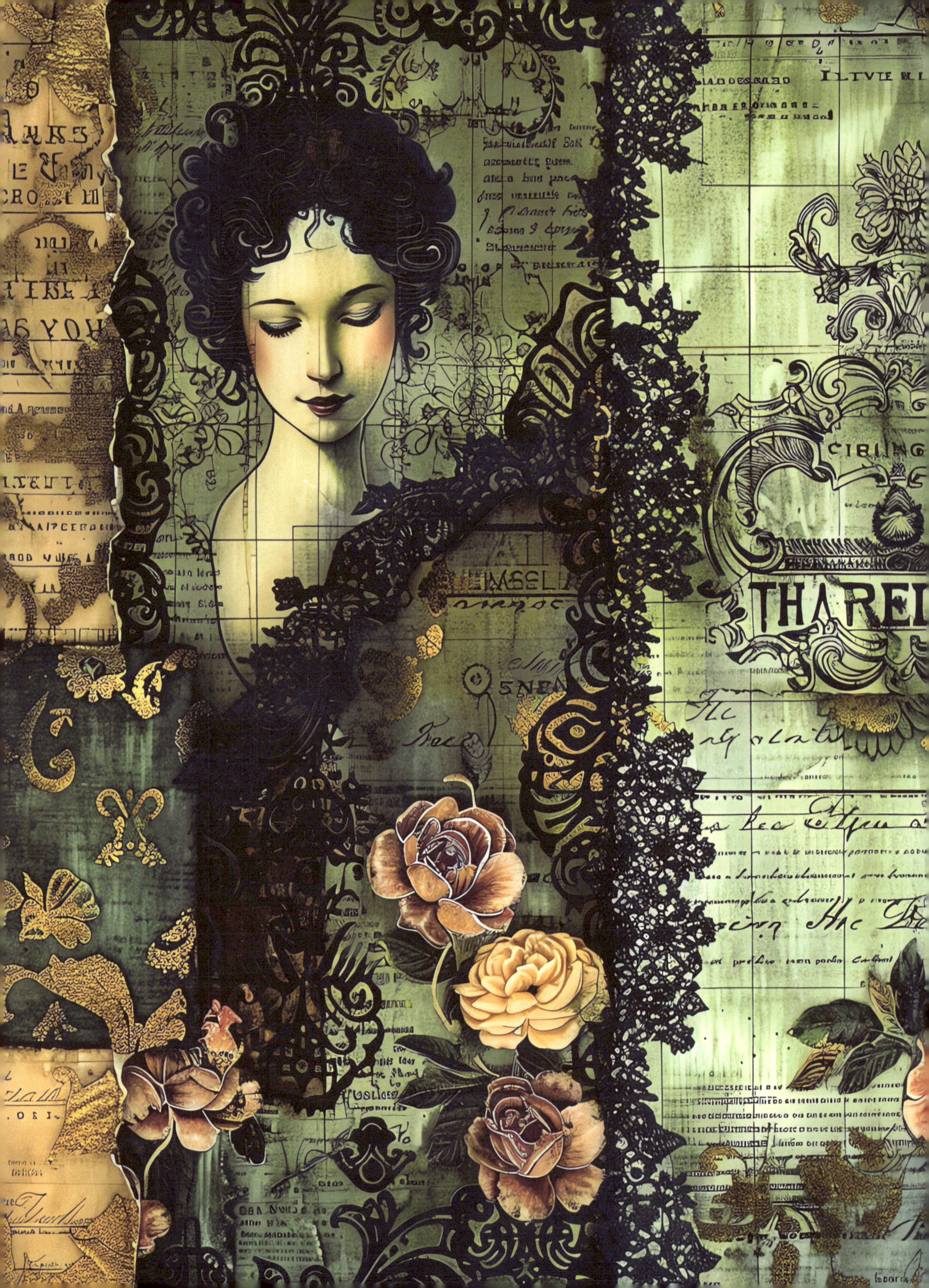

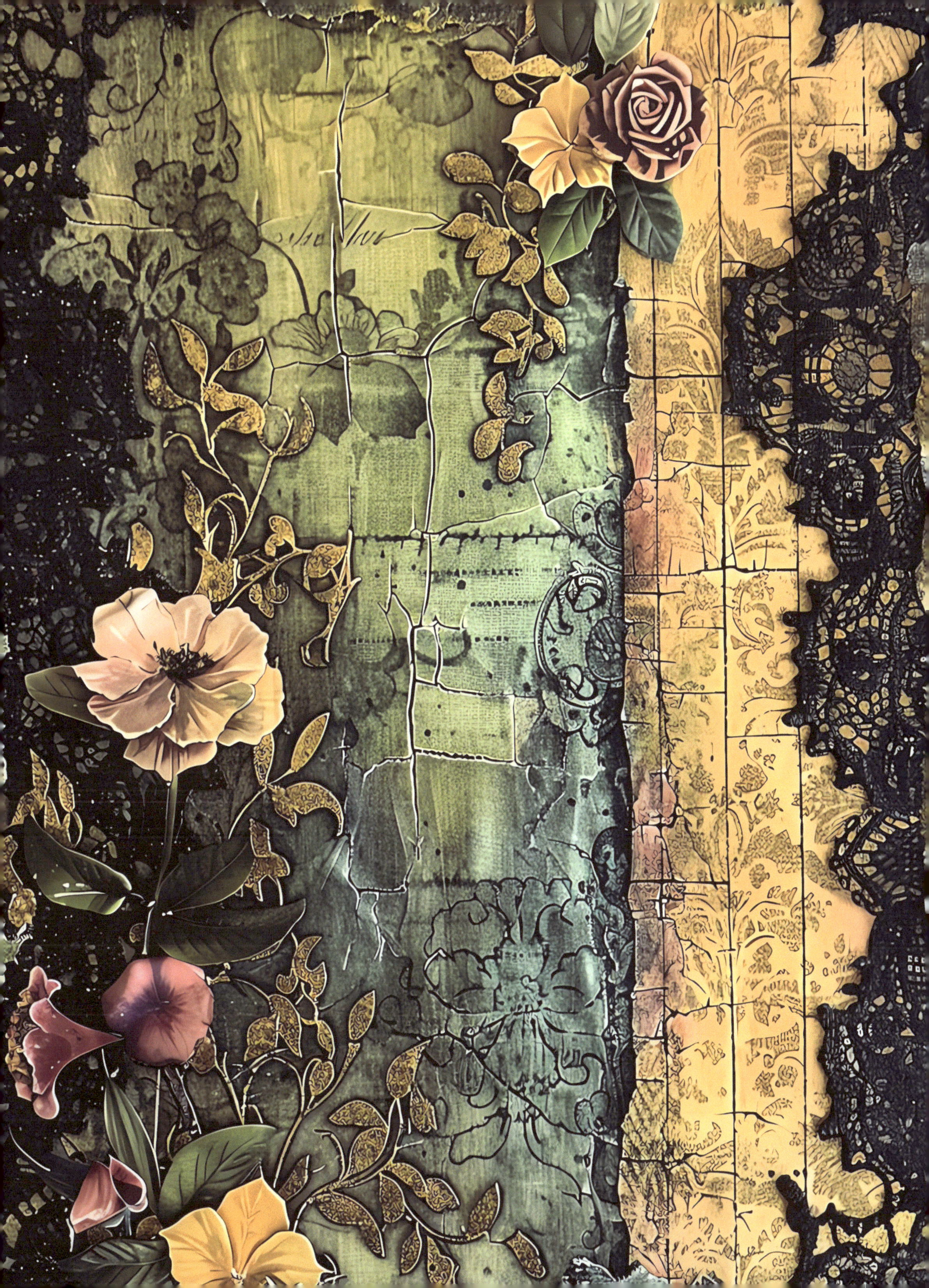

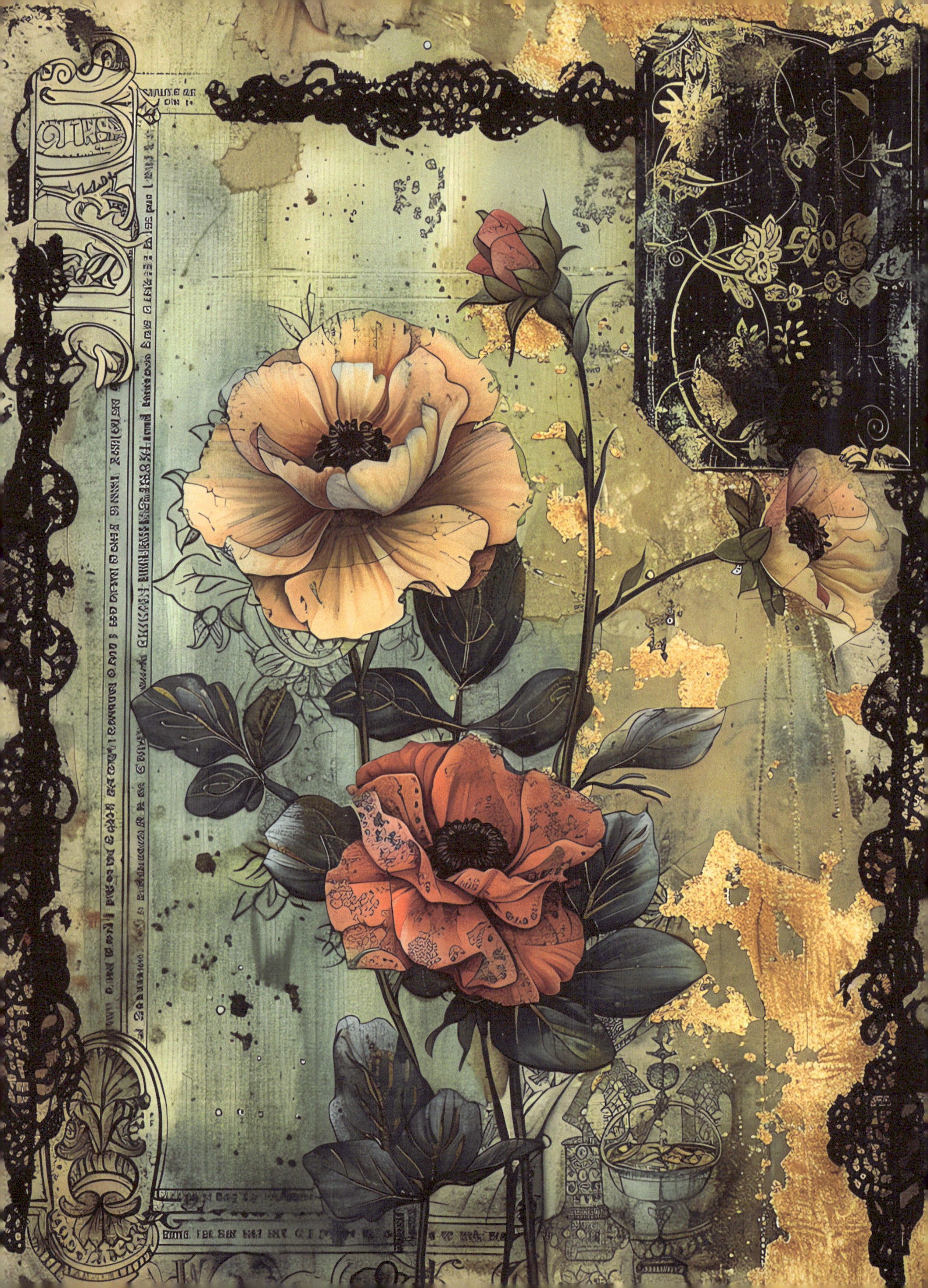

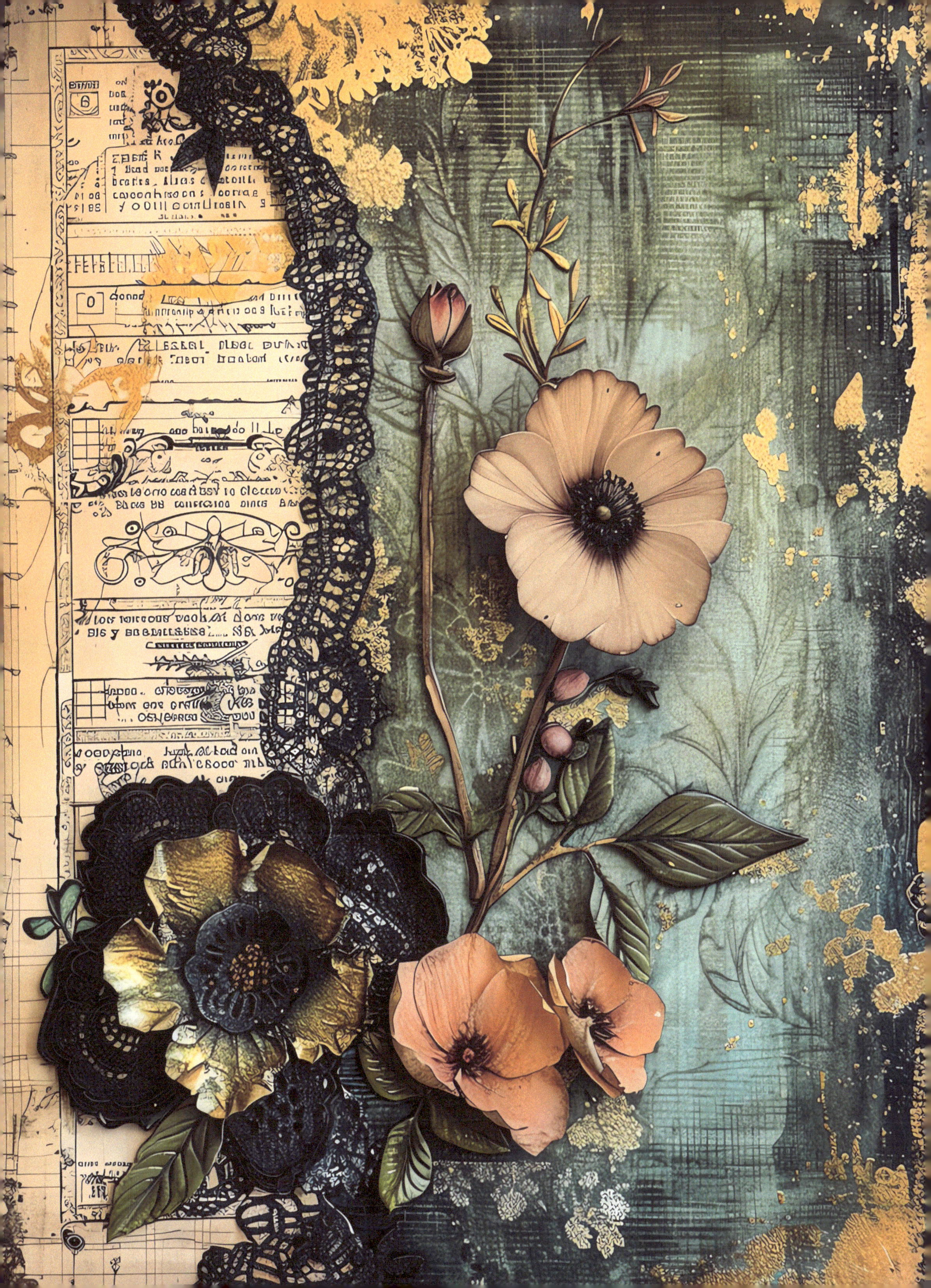

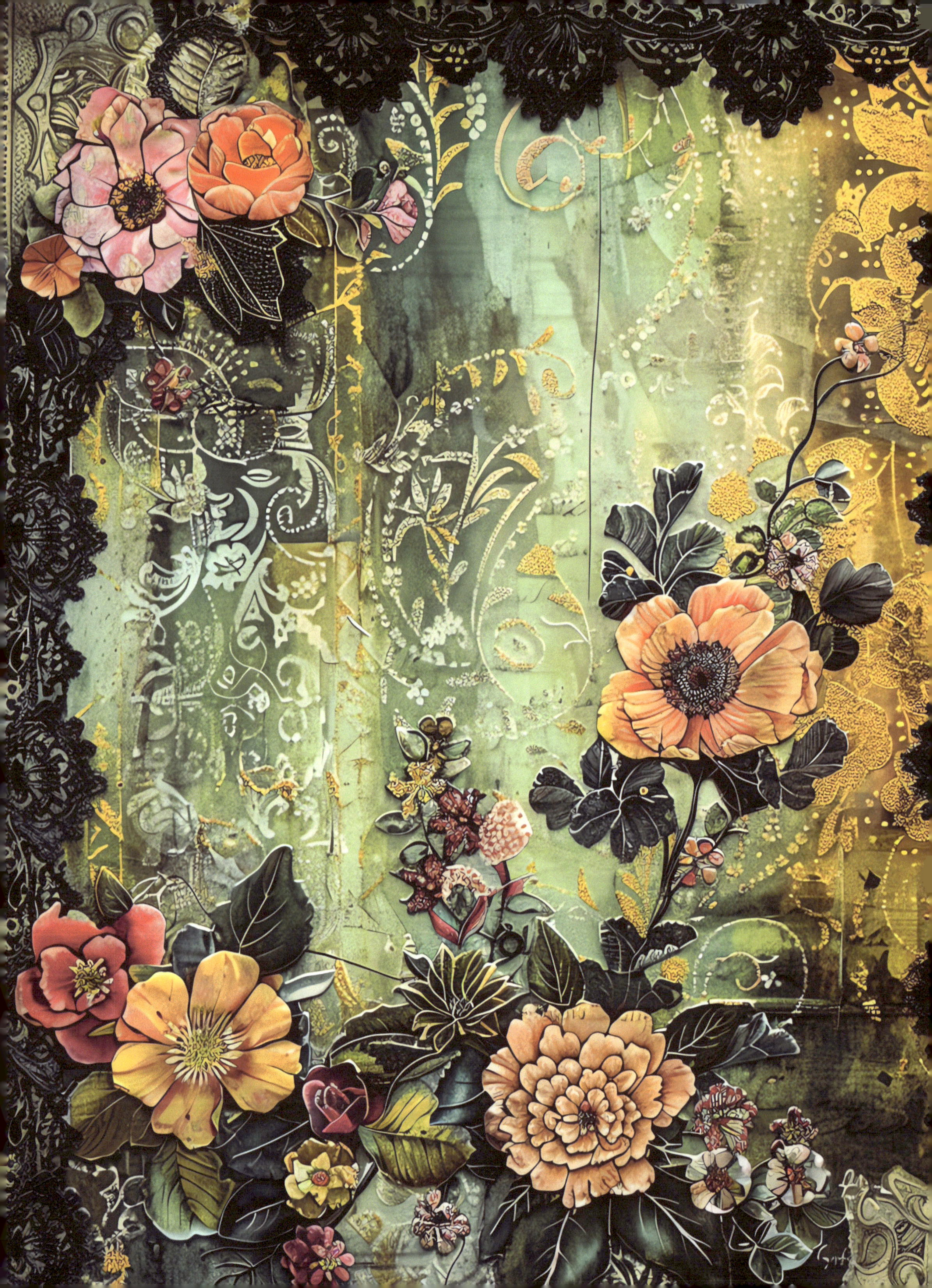

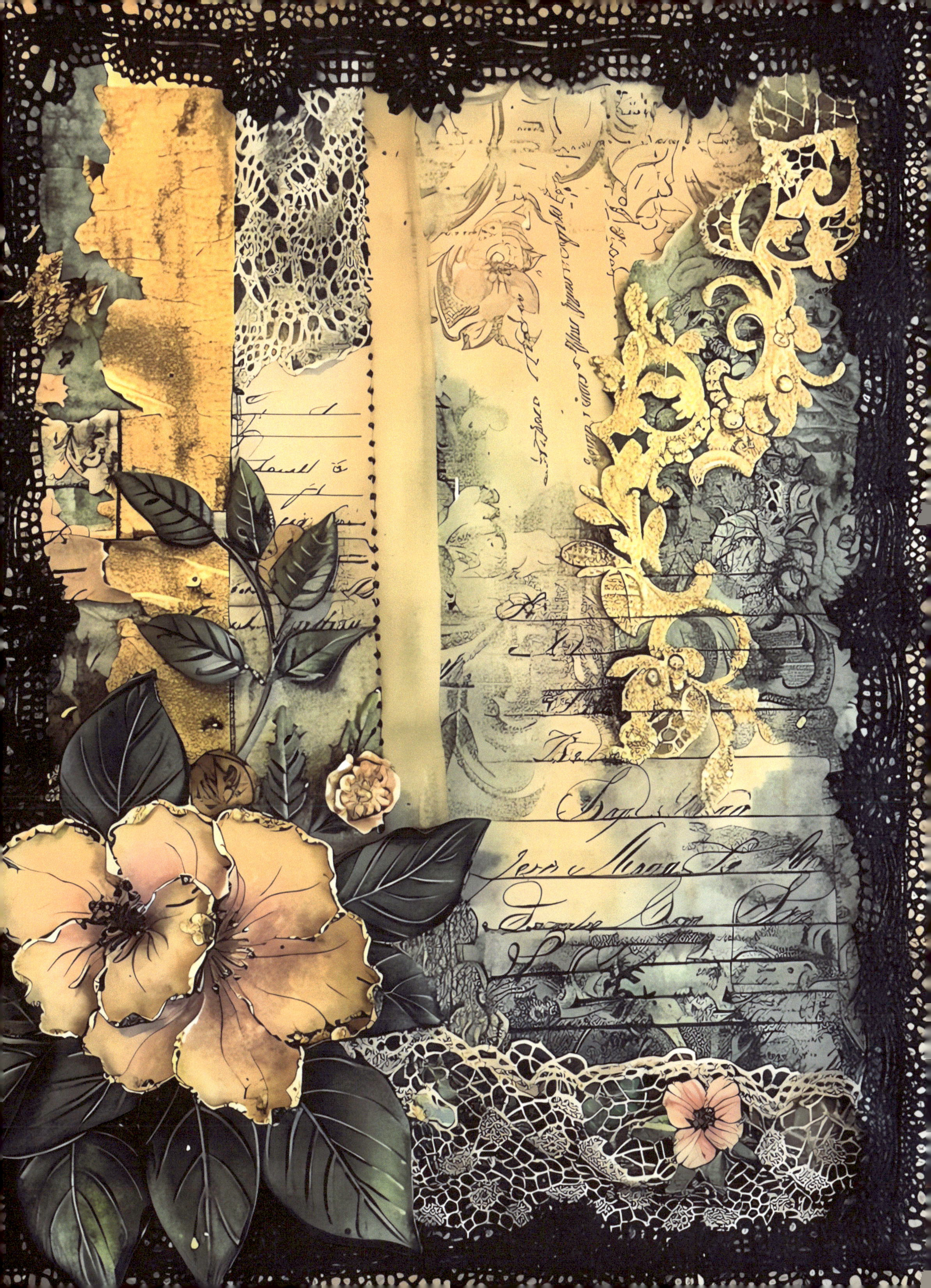

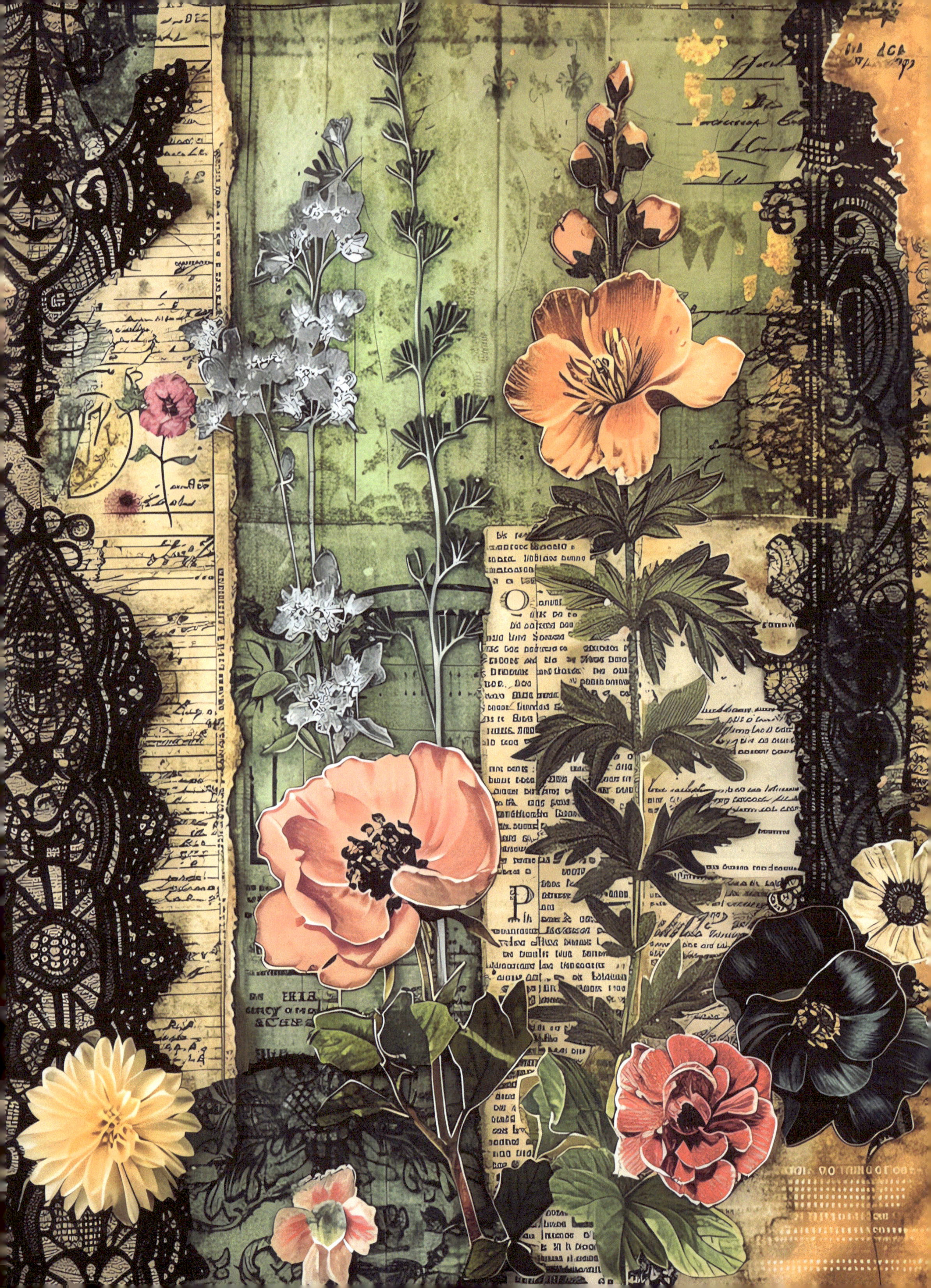

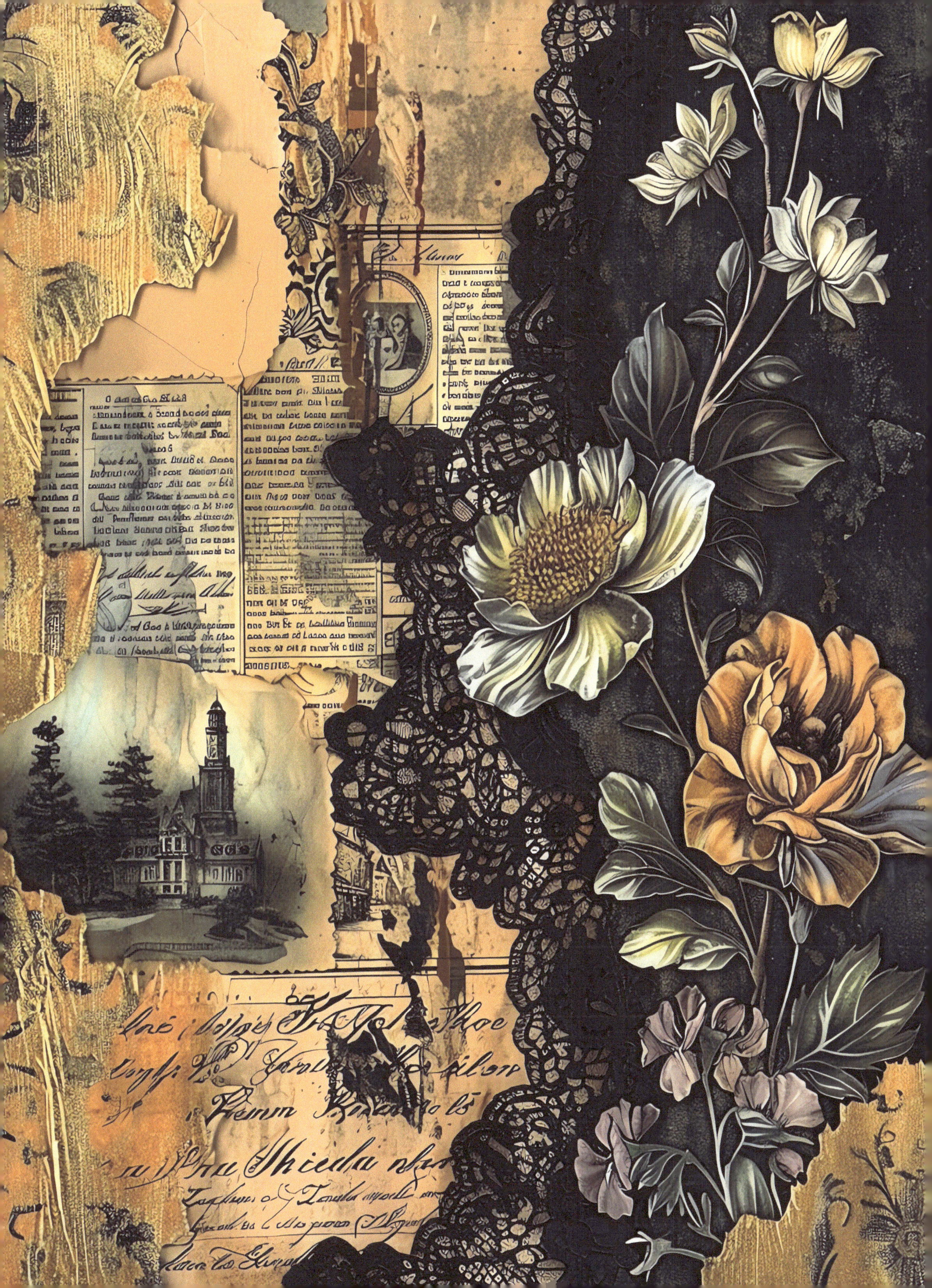

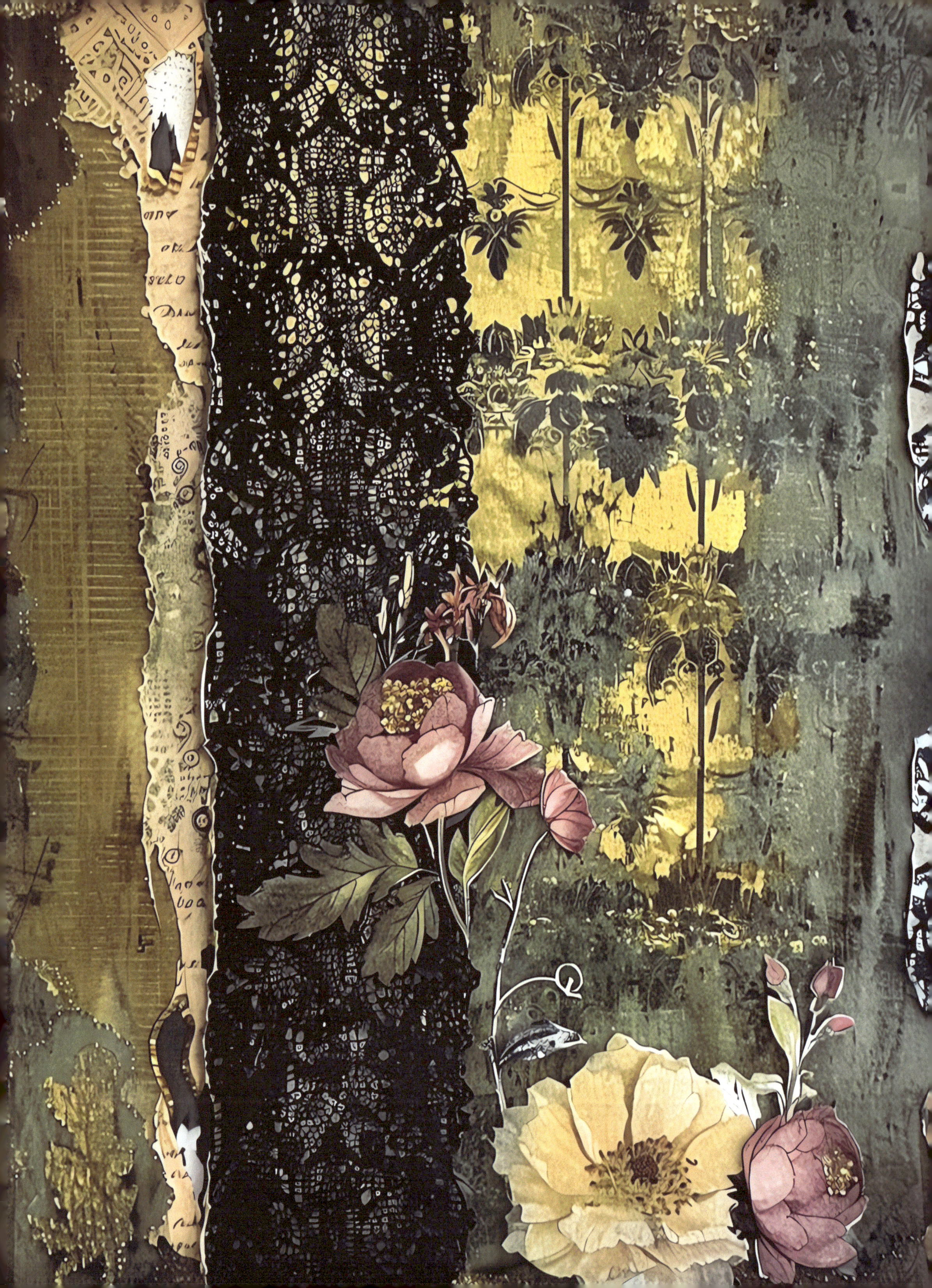

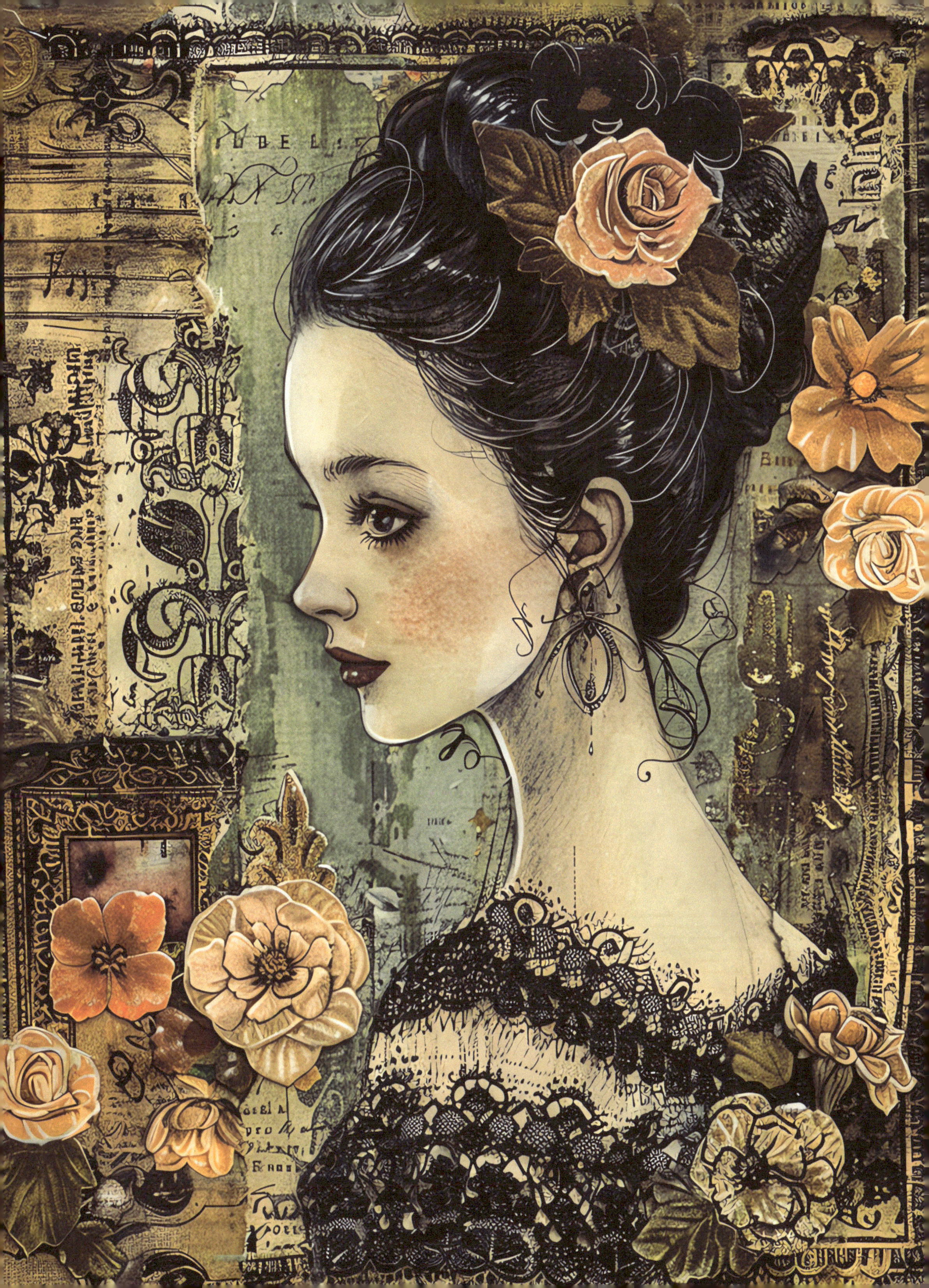

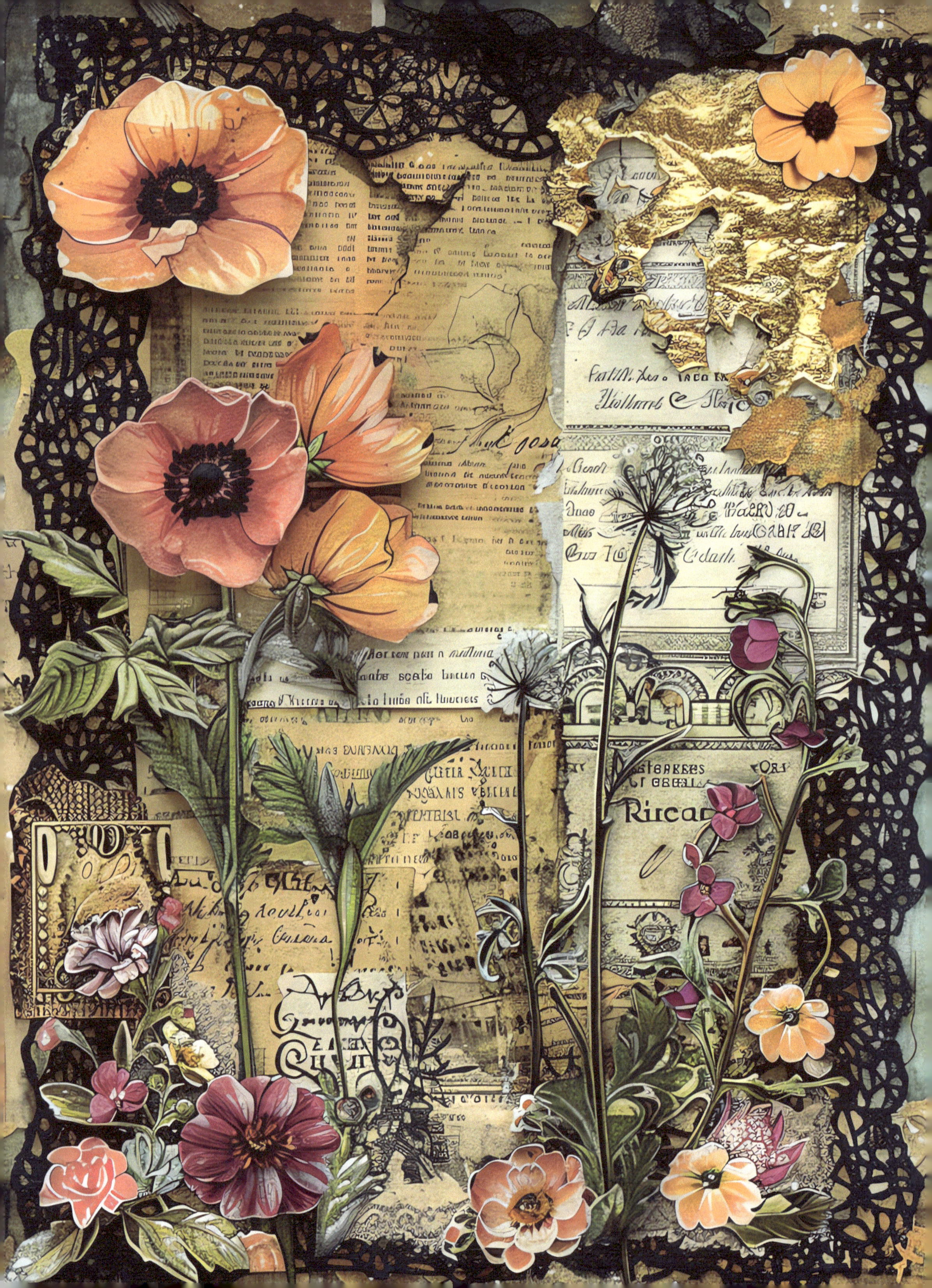
Ricar

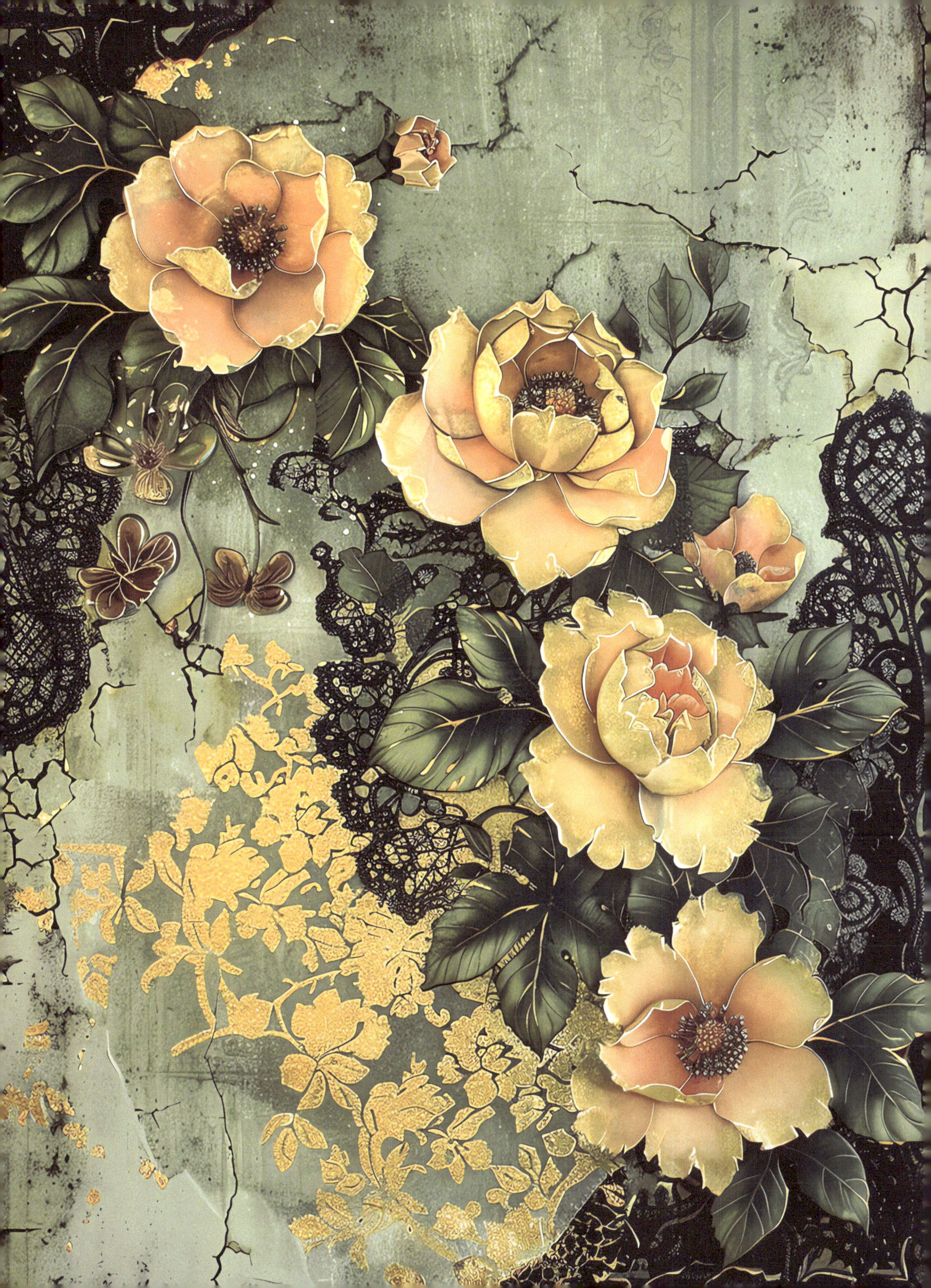

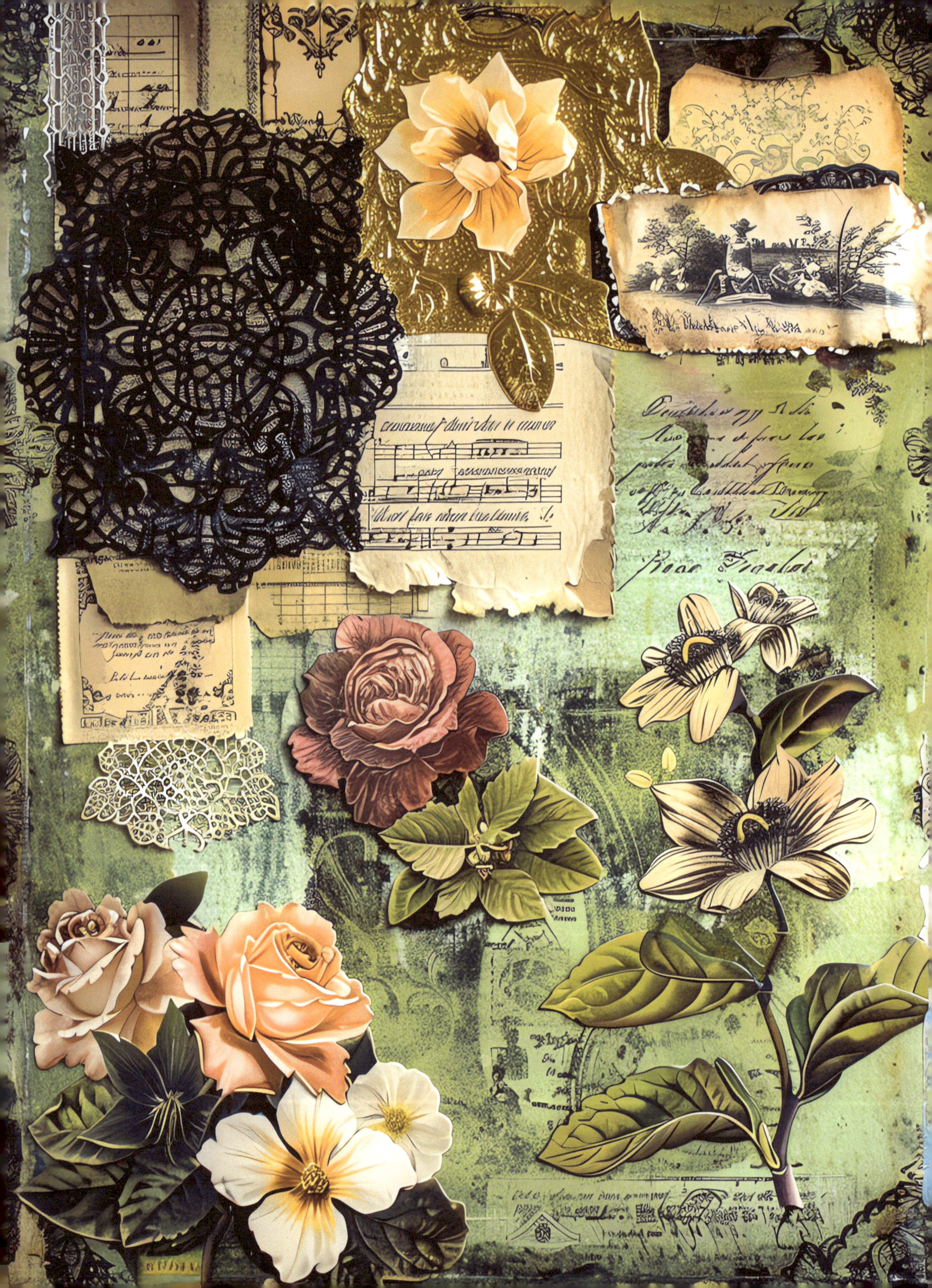

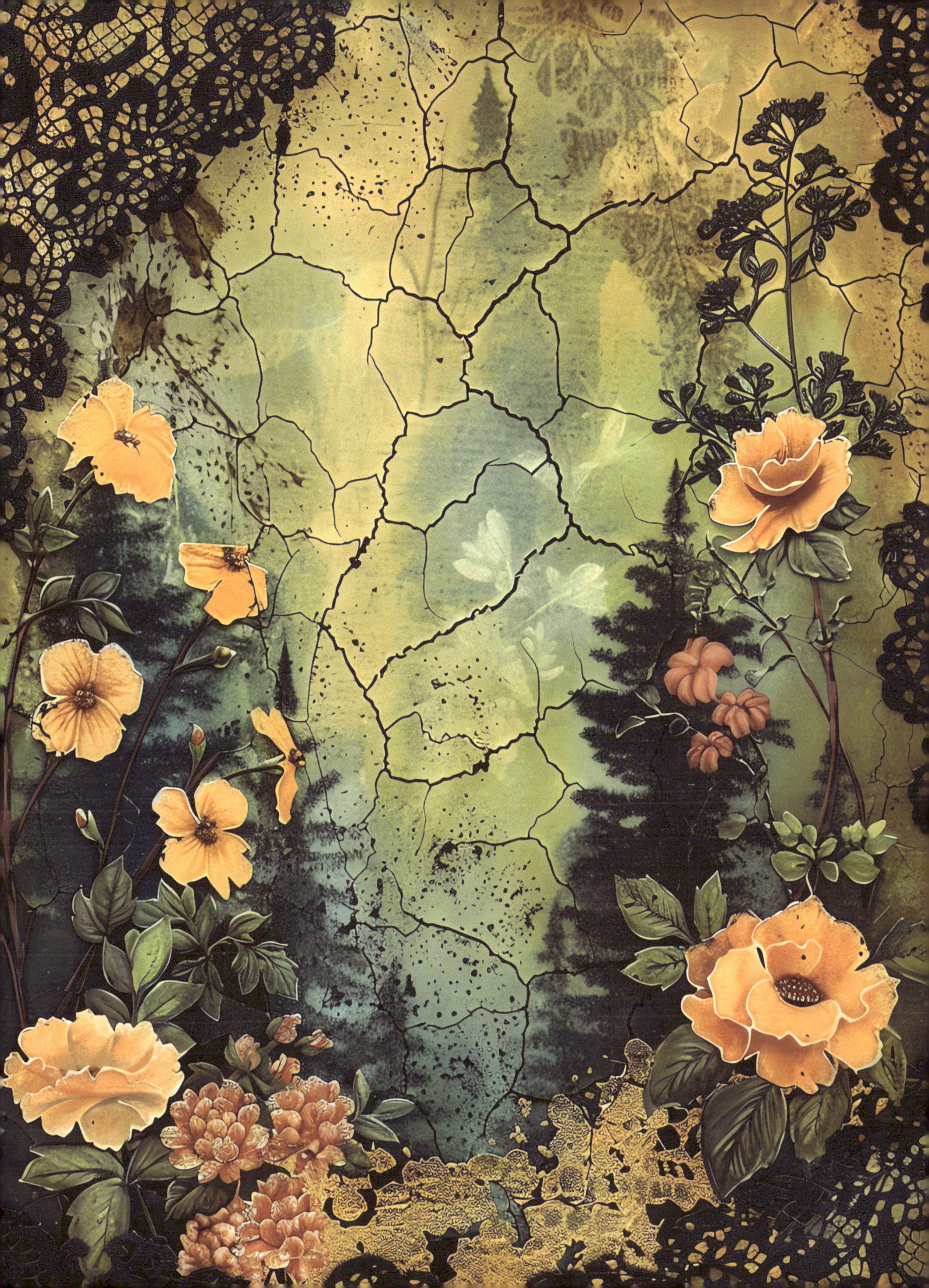

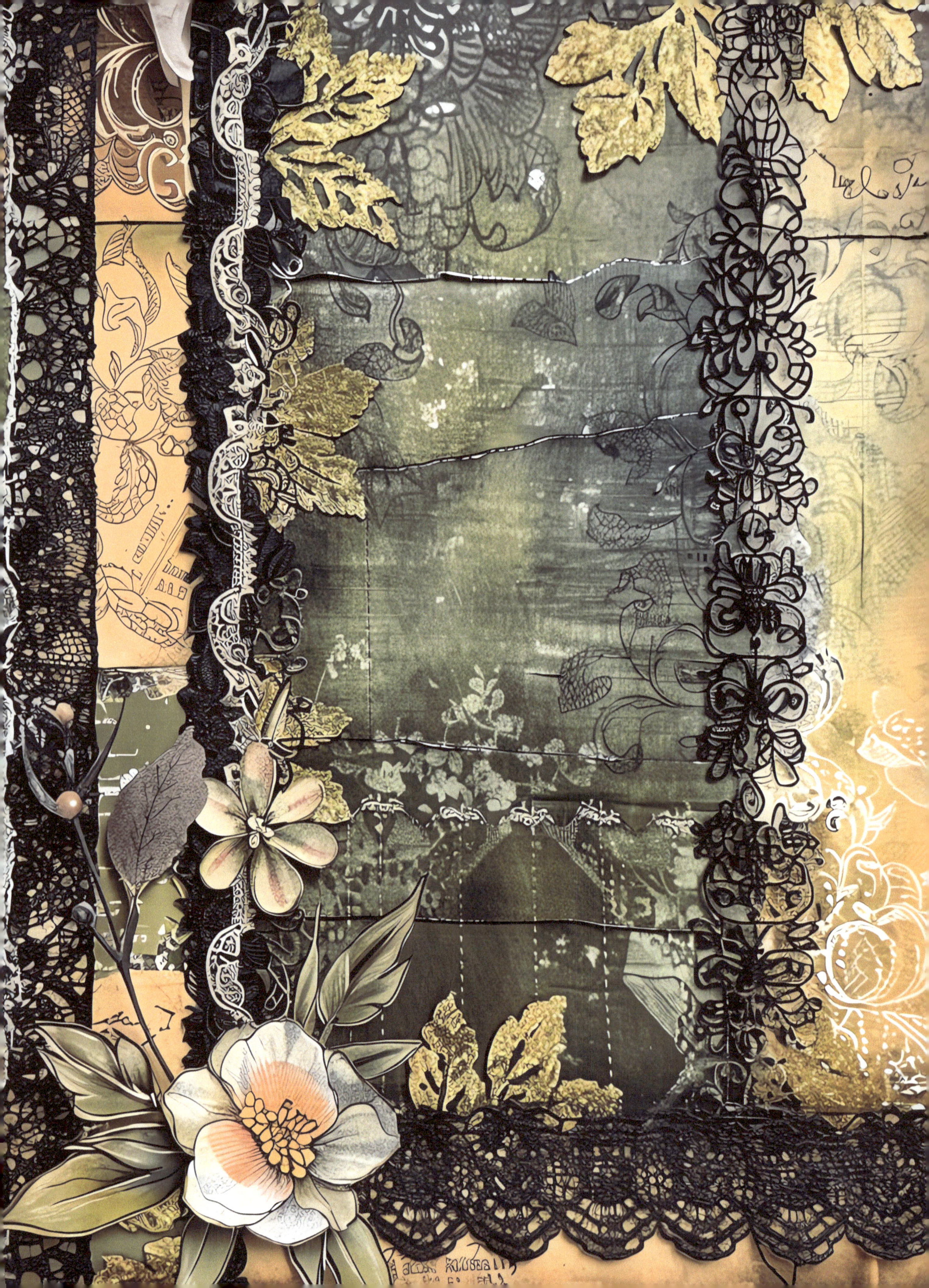

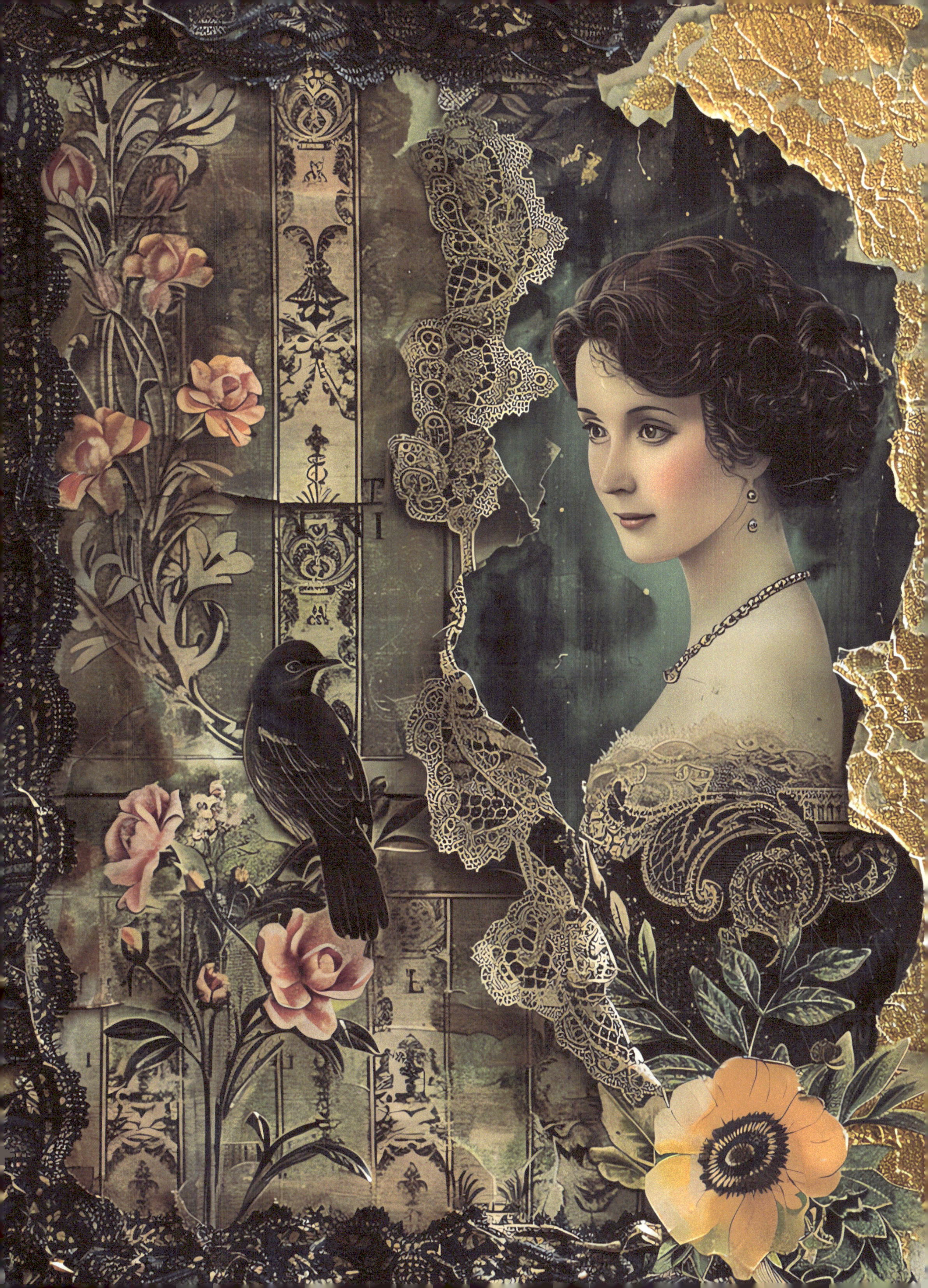

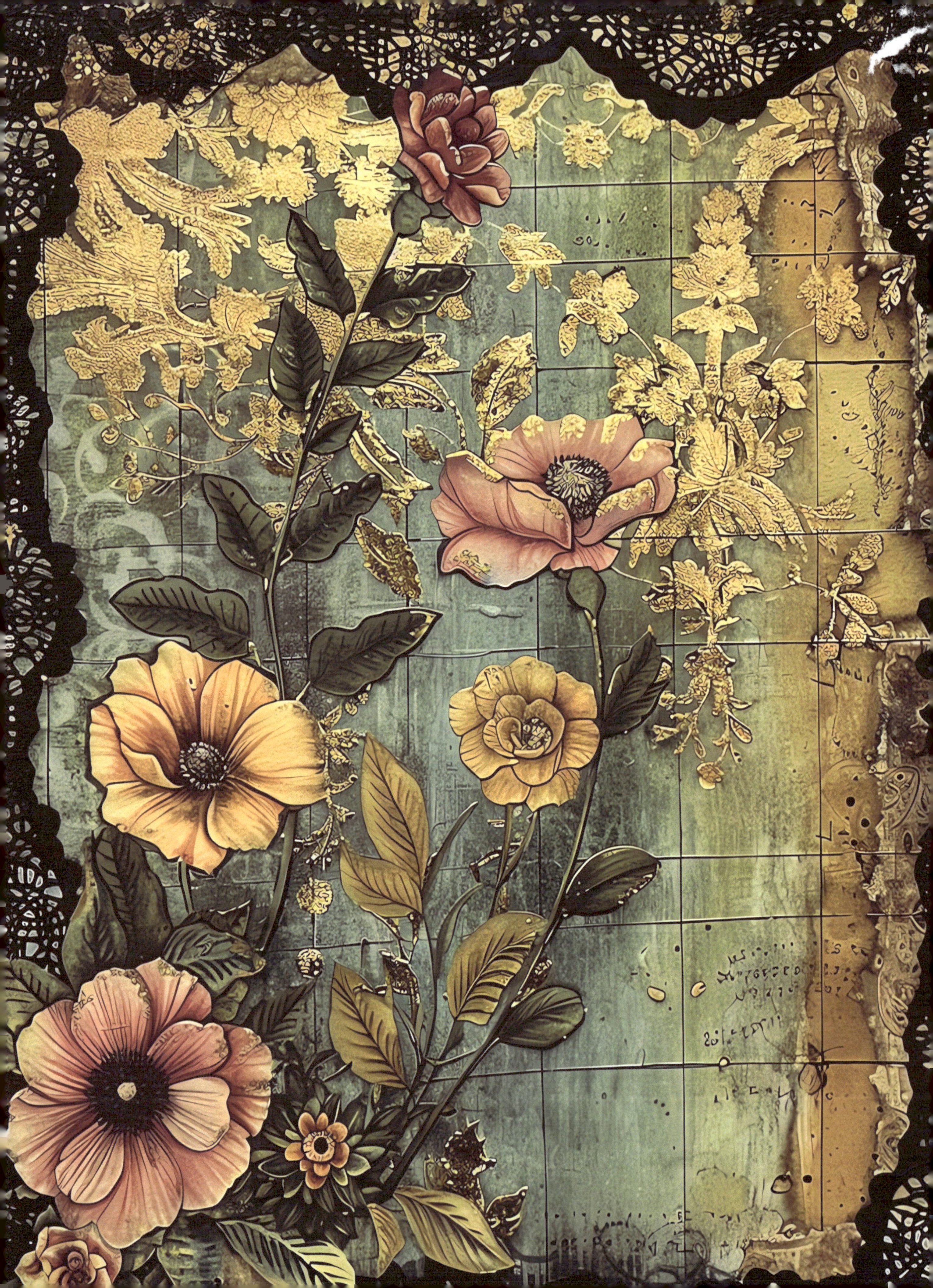

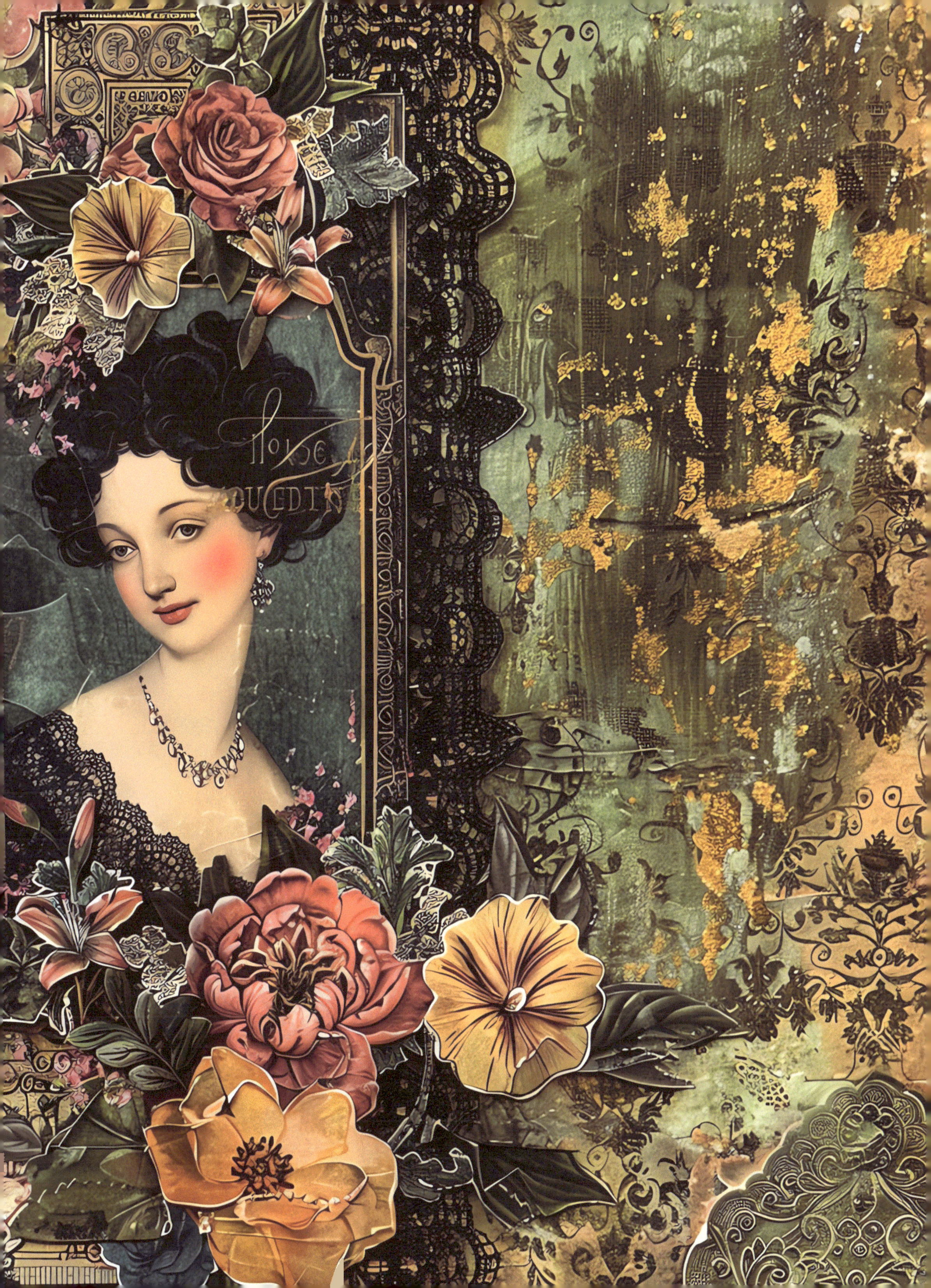

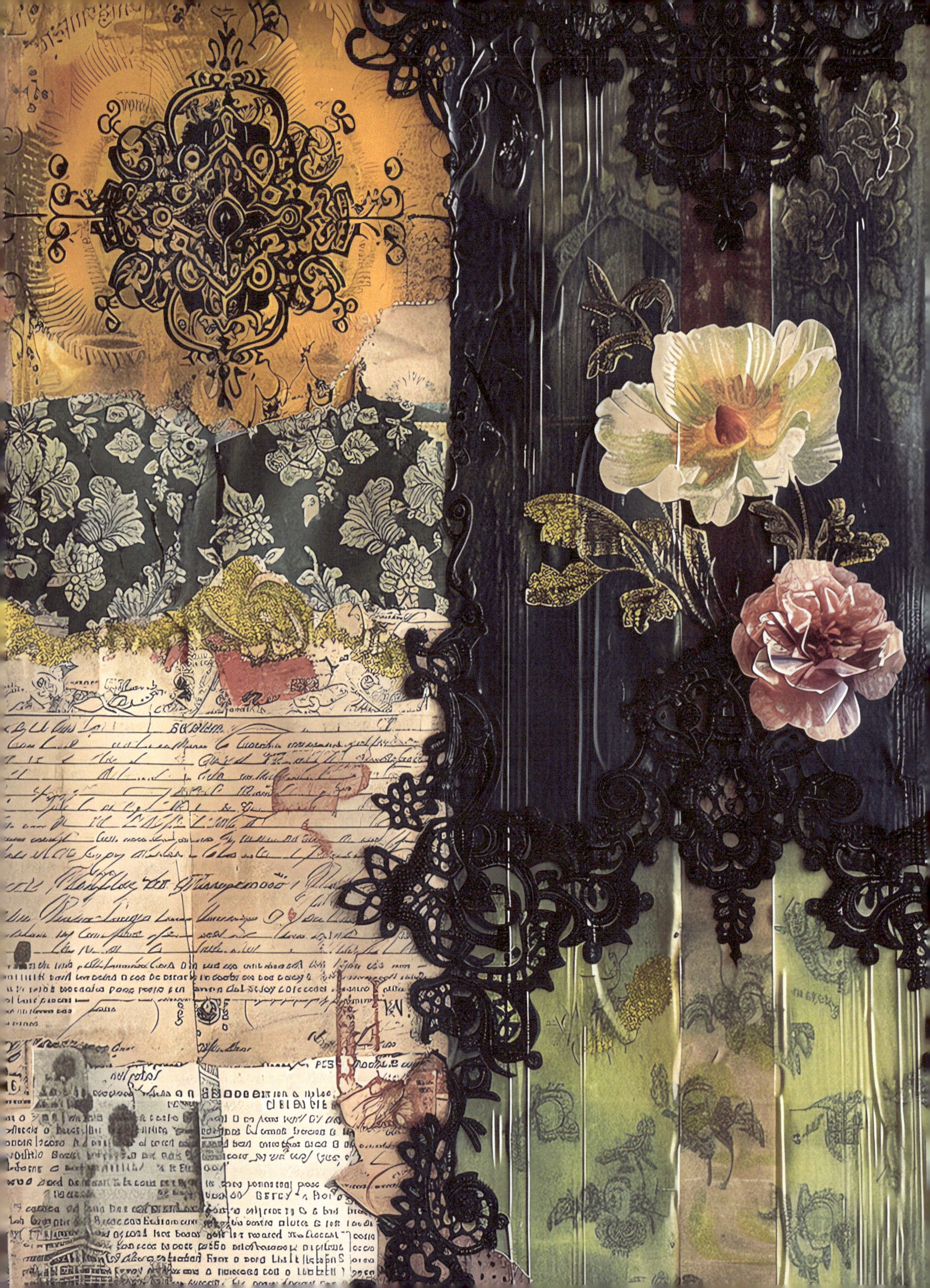

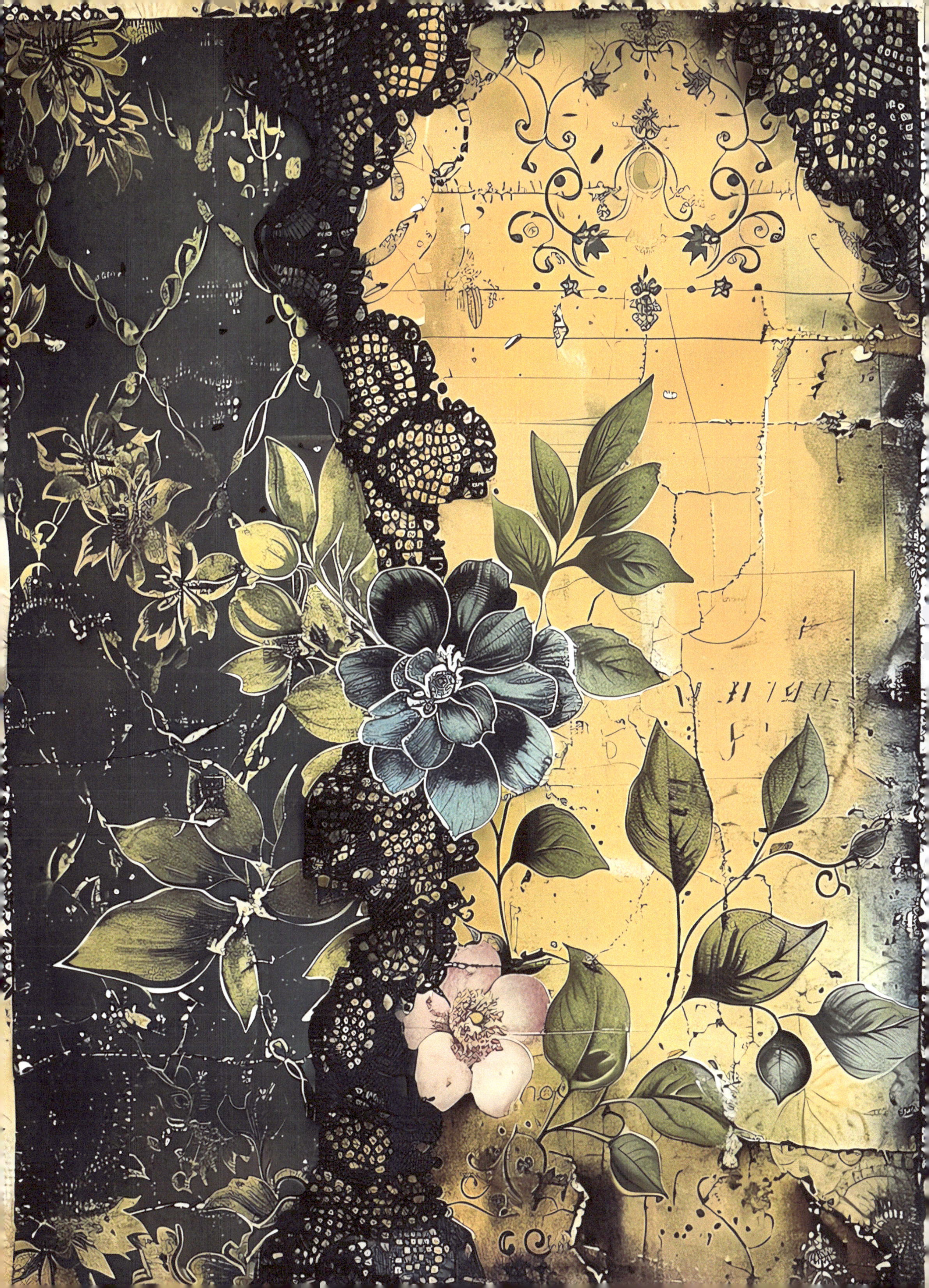

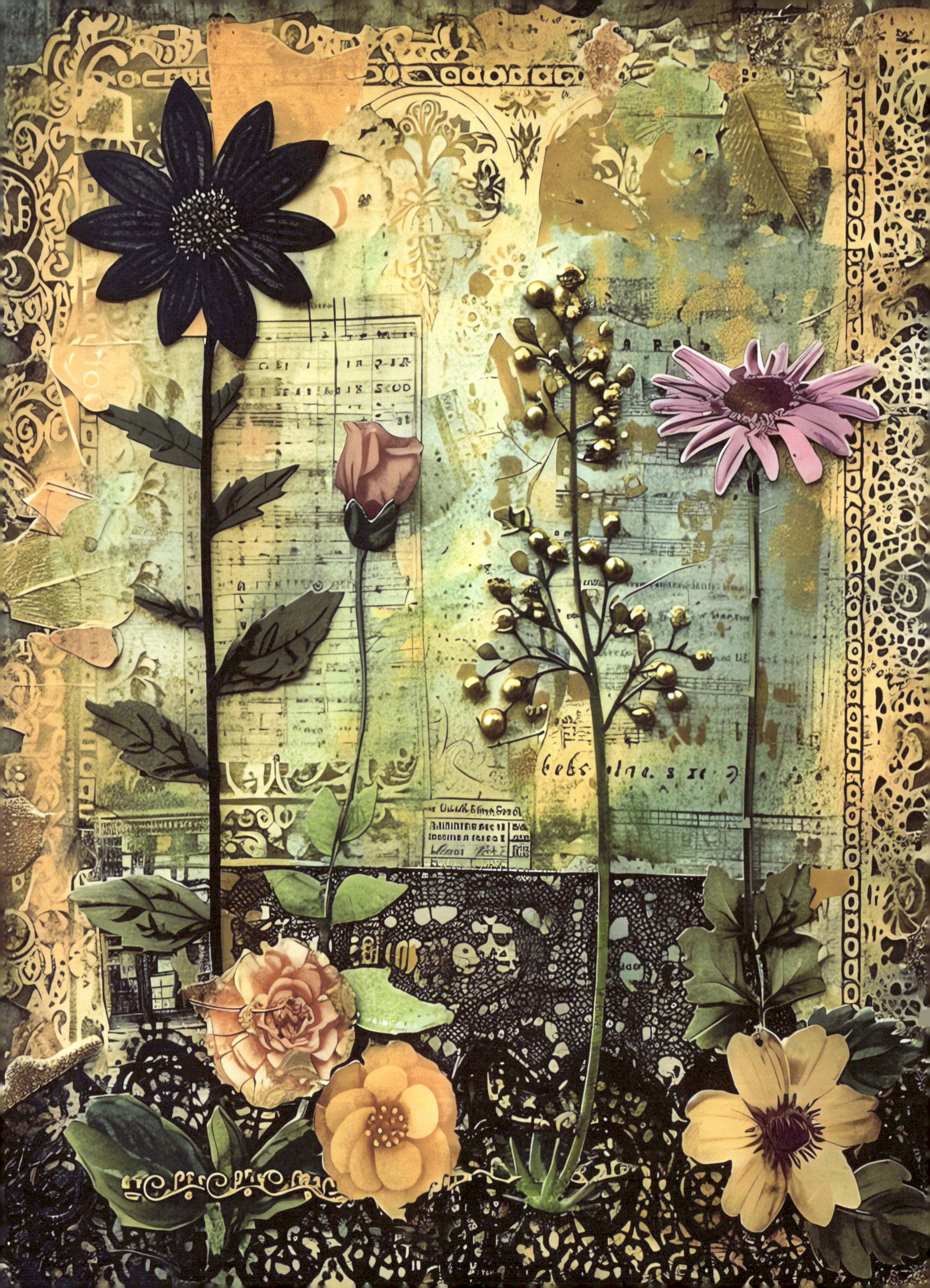

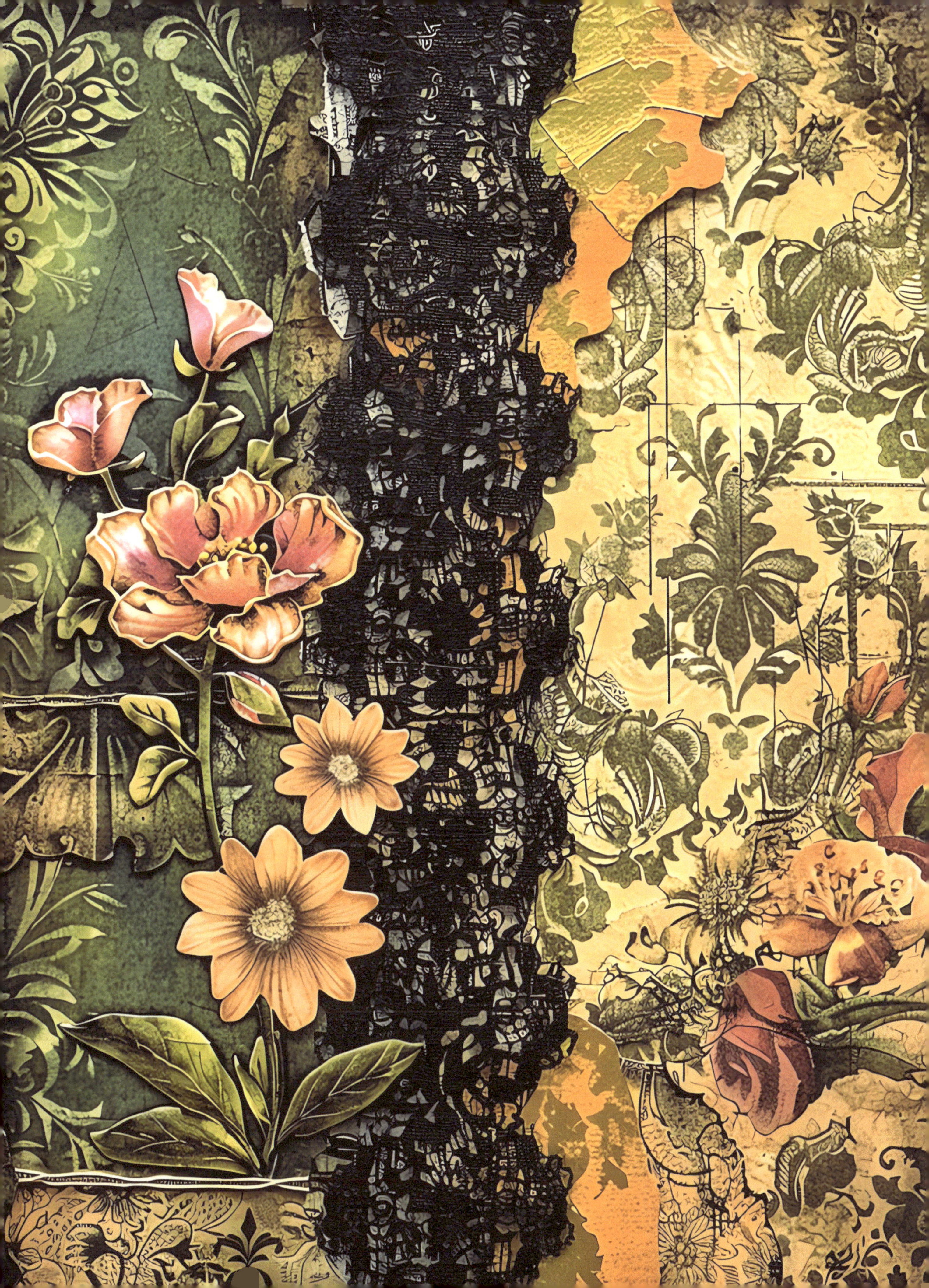

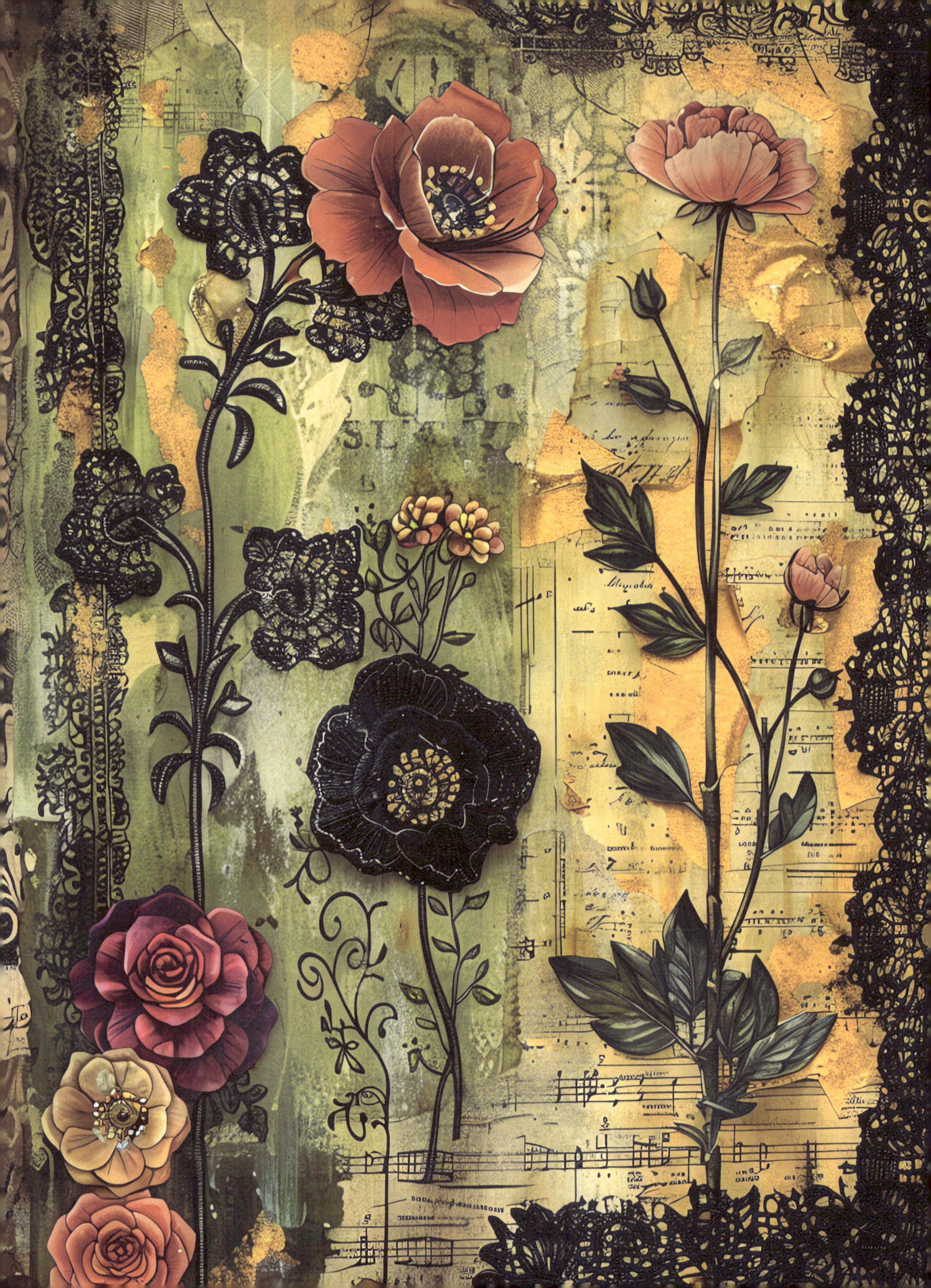

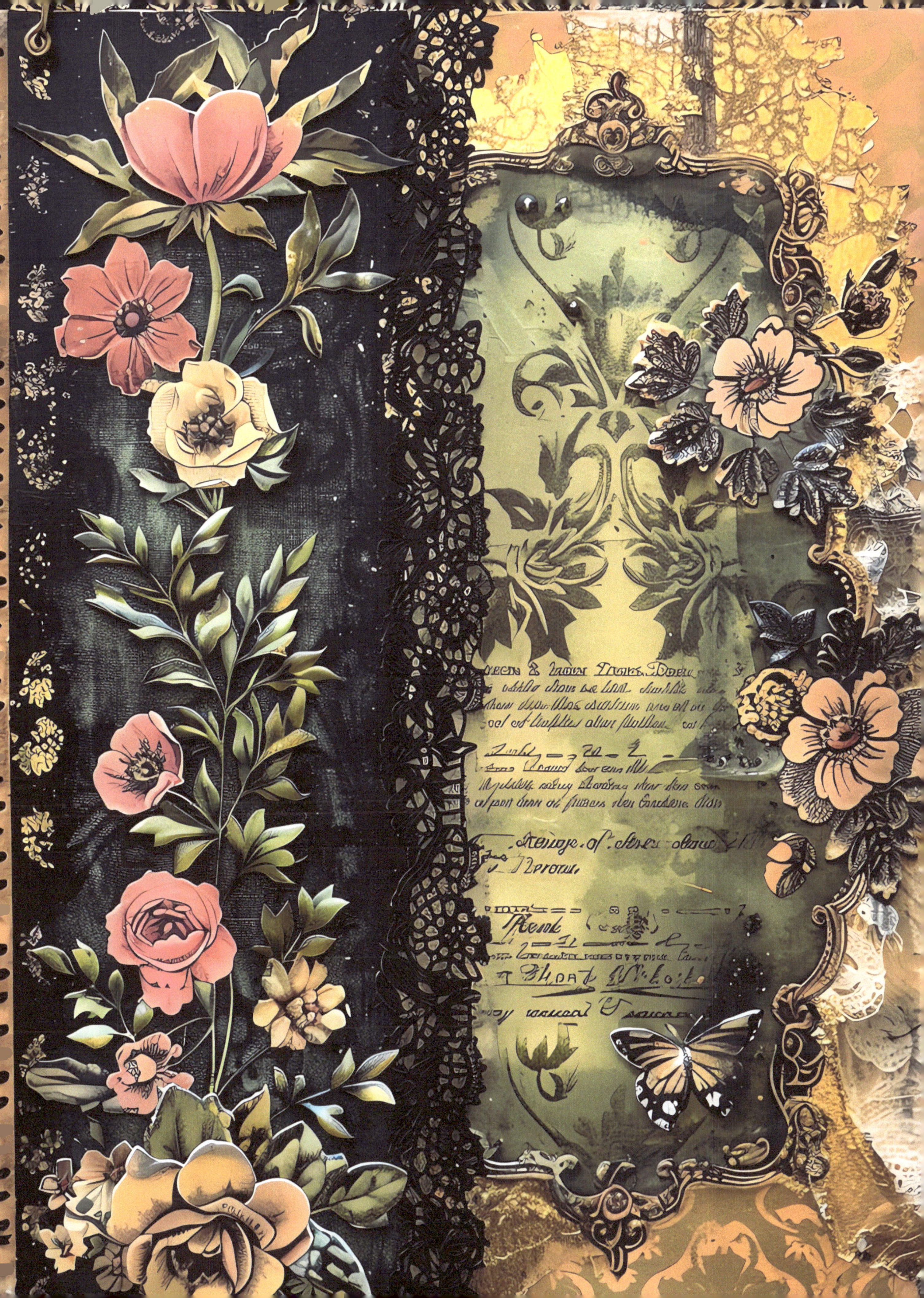

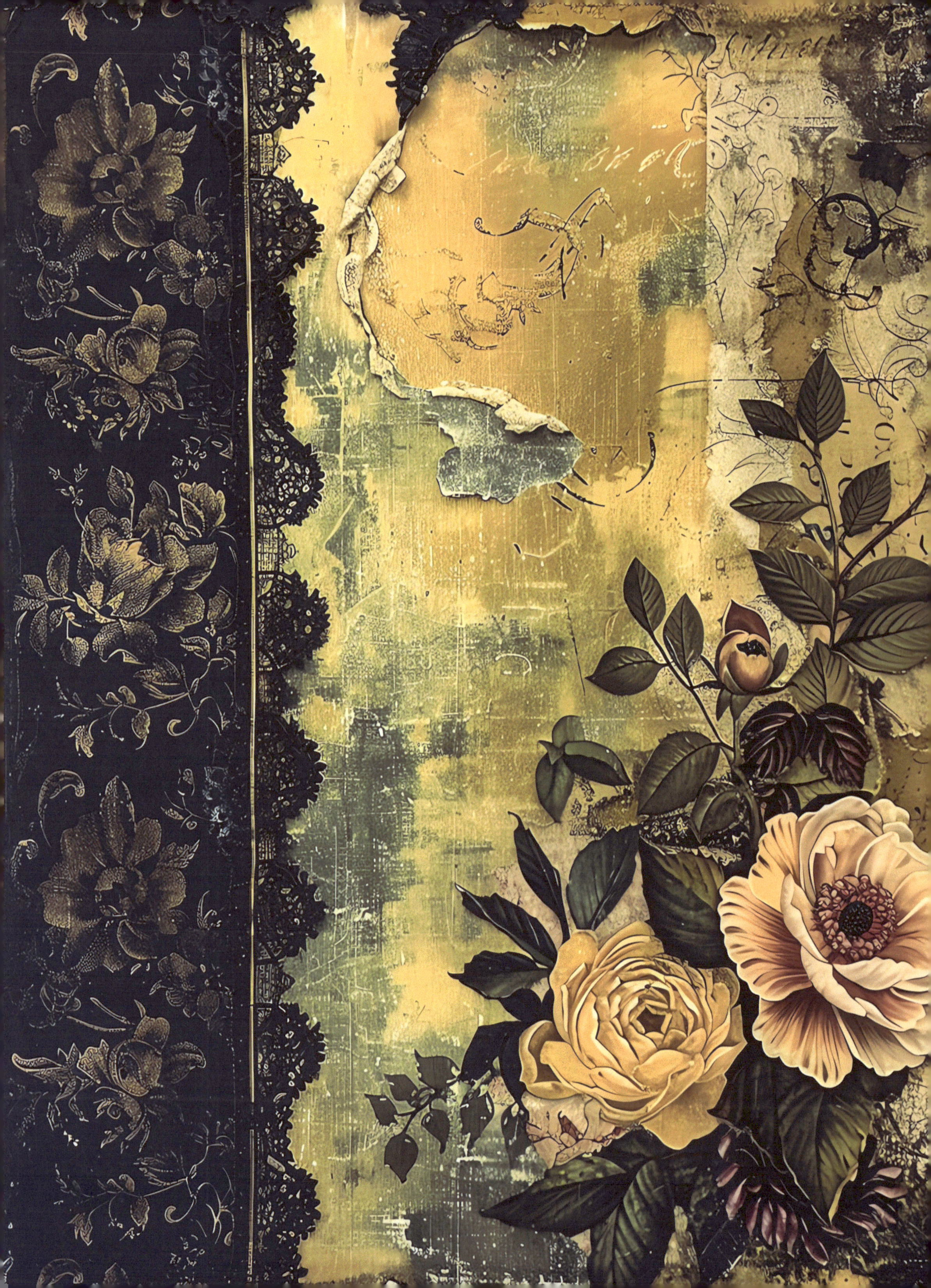

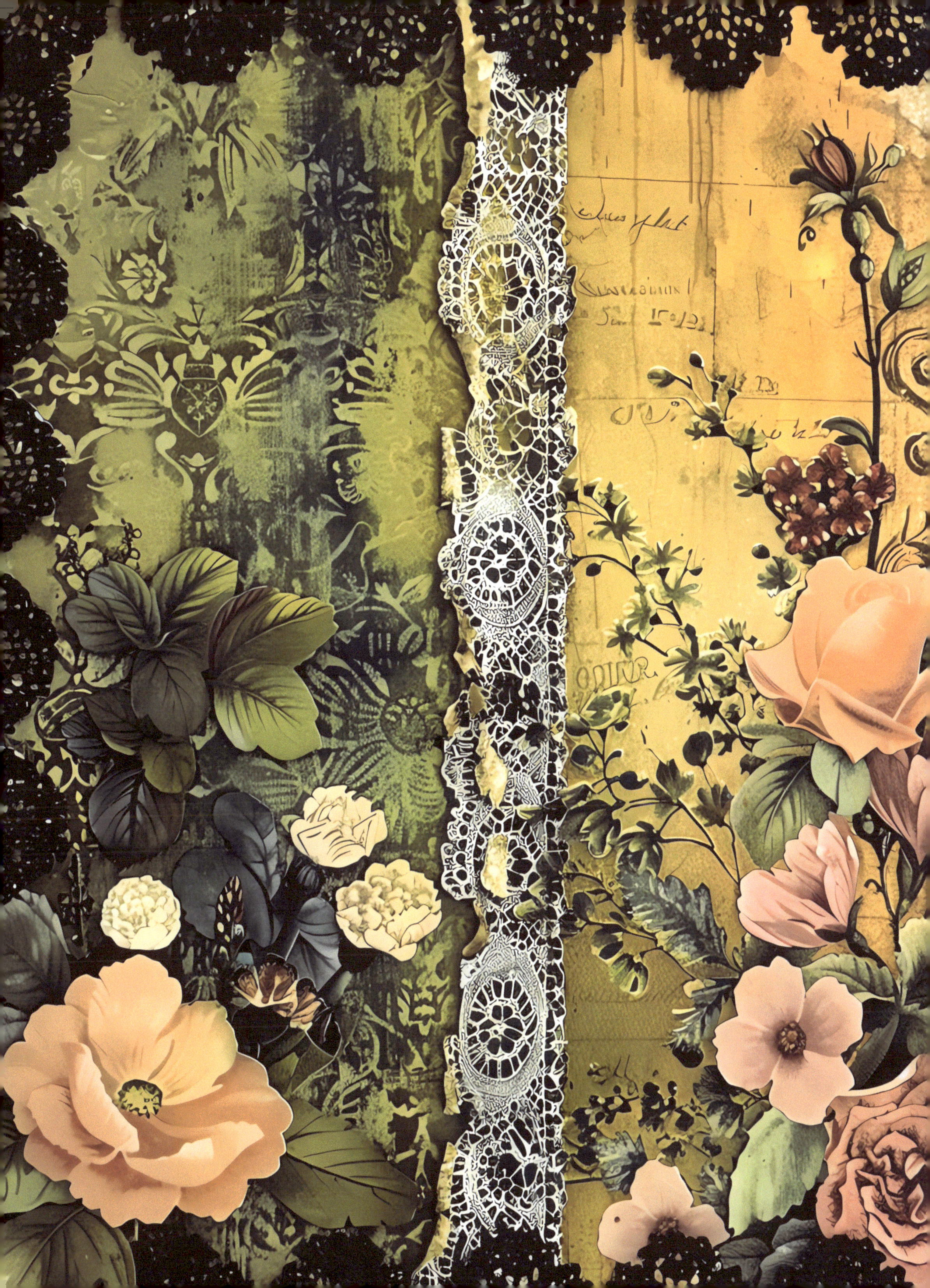

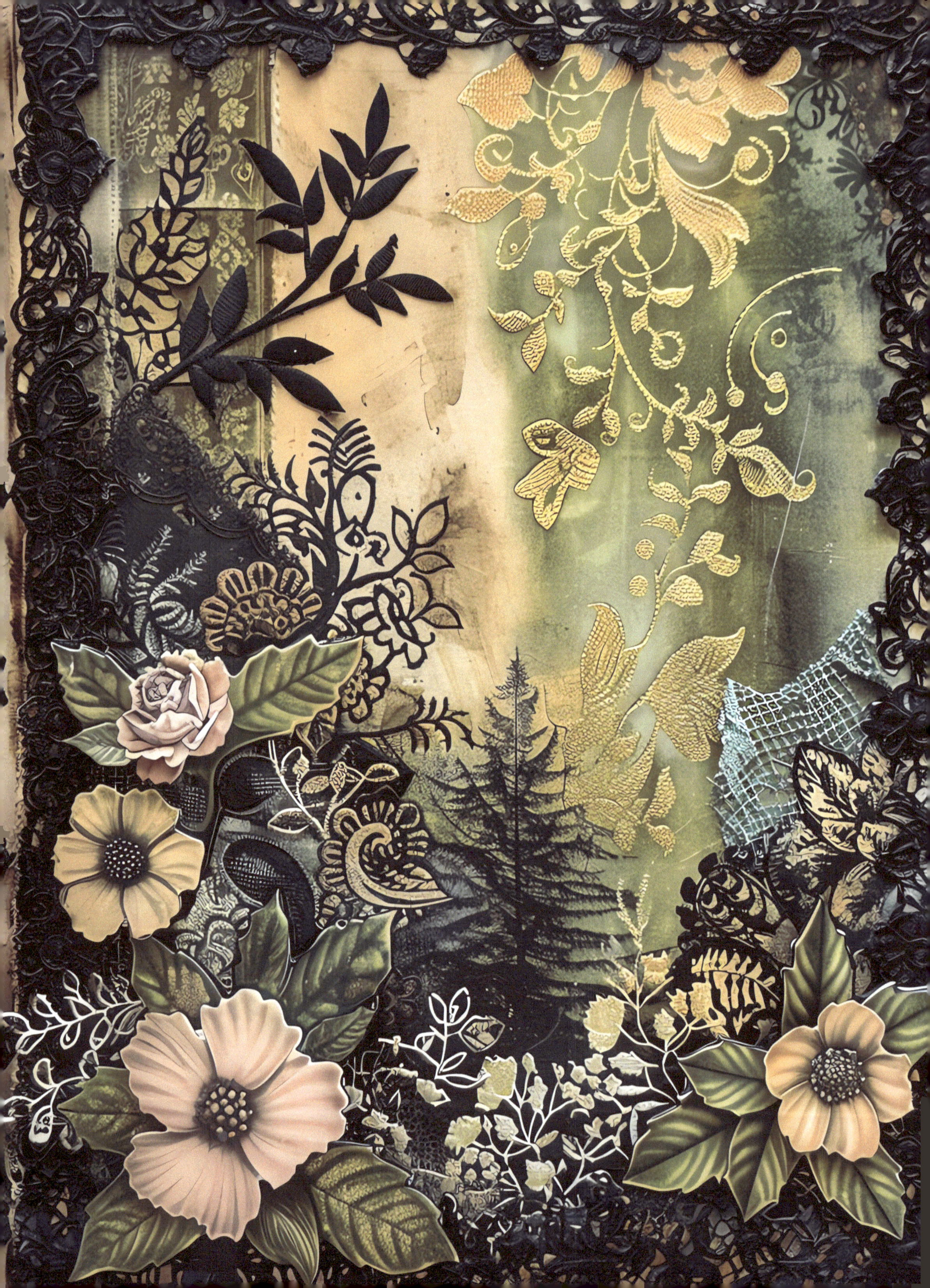

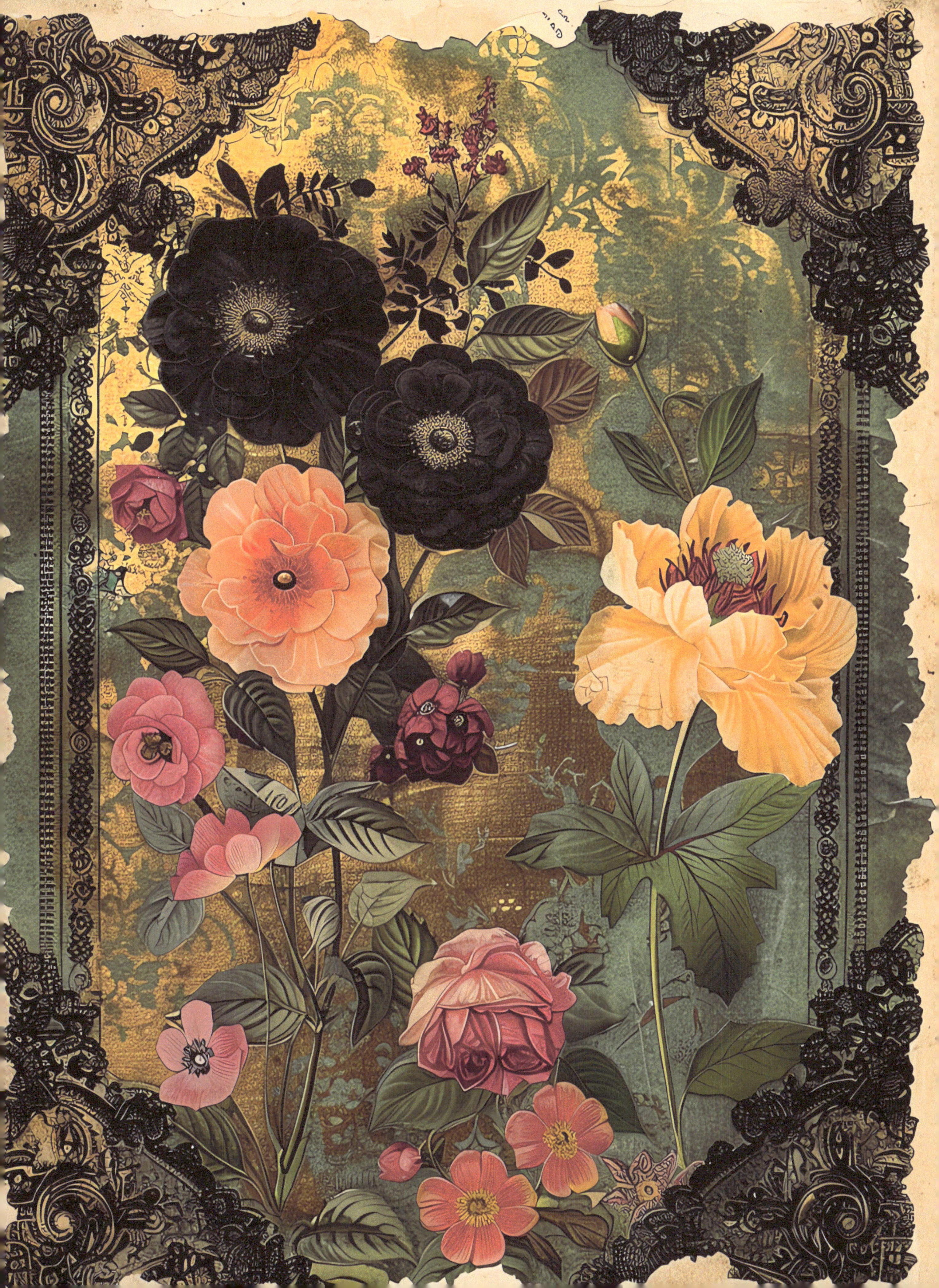

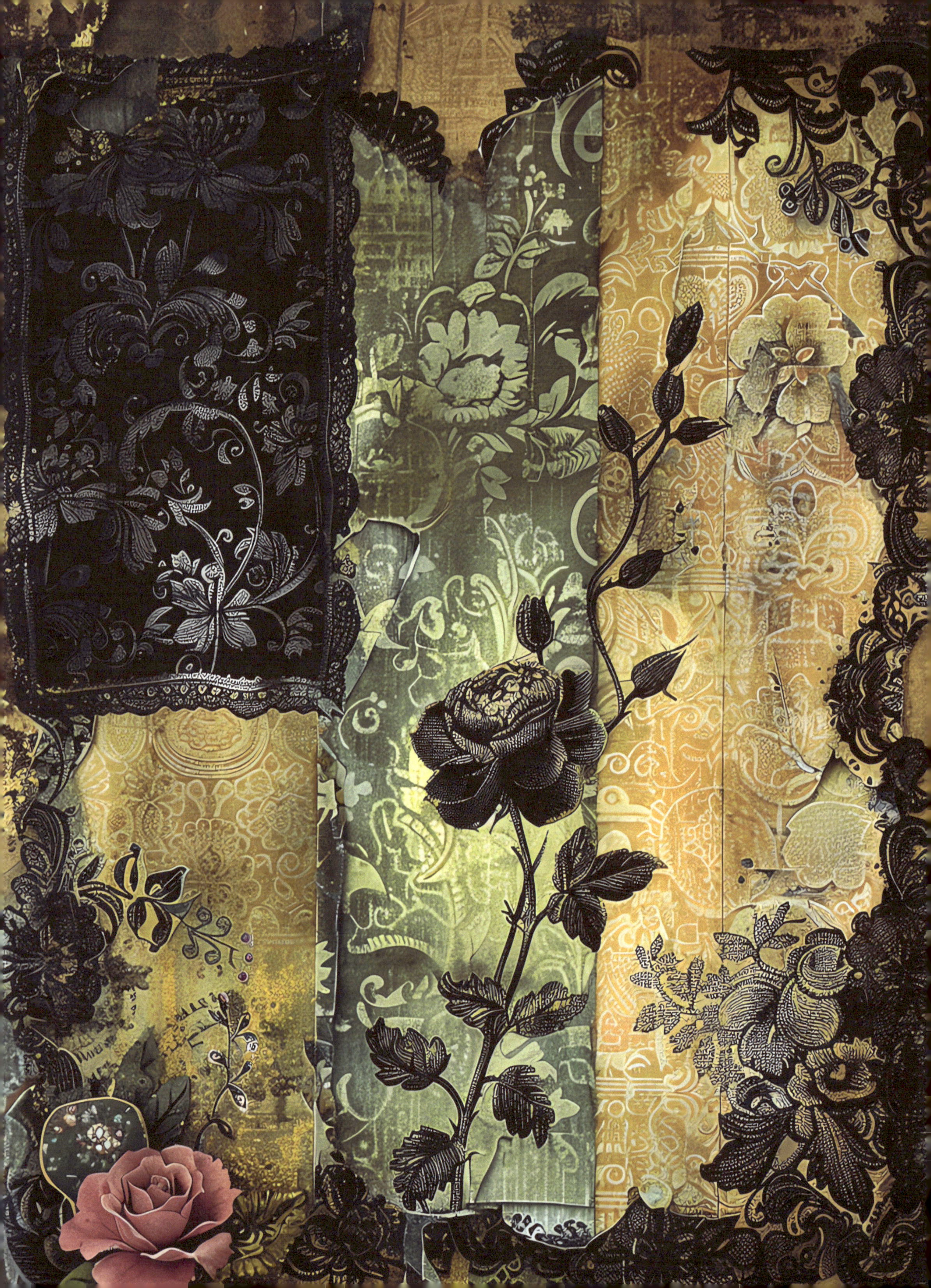

www.ingramcontent.com/pod-product-compliance
Lightning Source LLC
Chambersburg PA
CBHW040446220526
45473CB00004B/1531
9798301234873